先生がいなくなる

内田 良／小室淑恵／田川拓麿／西村祐二
Uchida Ryo / Komuro Yosie / Tagawa Takuma / Nishimura Yuji

PHP新書

はじめに

先生がいなくなる。

その危機感を今ほど実感する時代はありません。2021年度に実施された小学校教員採用試験の倍率は2・5倍で、3年連続で過去最低を更新しました。

2022年度実施分は、速報値をいち早く伝える時事通信社の集計によると、さらに悪化しており、底が見えません。特に小学校教員の倍率低下は著しく、全国66の自治体のうち約半数の30の自治体で倍率が1倍台となりました。九州地方のある県では、小学校教員200名募集のところ、志願者が208名で、当日欠席者がいたために受験者数が採用予定者数を下回る、実質「定員割れ」が起きてしまいました。

国も「教員不足」に危機感を抱き、2022年4月に「教員免許がなくても知識や経験がある社会人を教員として採用できる」制度の積極活用を促す通知を出しました。また東京都では社会人経験者の枠を設け、「教員免許がなくても受験できる」新たな制度が始まりました。2023年4月時点でこうした制度は全国的に広がり始めており、「免許がなくても志願してください」というのが教員採用における最新のトレンドになっています。

しかし、そんな弥縫策《びほうさく》ではなく、なぜ教員志望者が少なくなってしまったのか、「学校はブラック職場」と指摘されて久しい現実を直視することが必要ではないでしょうか。

もはや一刻の猶予も許されません。今が、公教育が生きるか死ぬかの瀬戸際です。

本書はそんな危機意識から、現役教諭、大学教授、学校コンサルタントら専門家が集い、緊急出版された書籍です。いずれの章も、学校の働き方改革はそこで働く教師のためのみならず、この国全体に関わる大問題であるとの認識から書かれています。

第1章および第3章では、教師の多忙問題に長年取り組んできた現役高校教諭である私、西村祐二が、現場で働く者の思いや教員過労死等の悲惨な現実や、現場の人間として望む働き方改革について述べます。

第2章では、名古屋大学教授の内田良さんに、独自の全国調査から見えてくる教育現場の実態について、エビデンスをもとに明らかにしてもらいます。

第4章では、2016年から250校以上の学校コンサルティングを行い、働き方を劇的に変えてきた株式会社ワーク・ライフバランス代表取締役社長の小室淑恵さんに、全国の学校を変えるためには今後どういった法改正が必要かを述べてもらいます。

第5章では、同社の働き方改革コンサルタントの田川拓磨さんに、具体的な学校改革の事例について述べてもらいます。

そのほか本書には、日本若者協議会代表理事の室橋祐貴さんによる教員志望学生の本音に迫るコラムや、東京大学大学院教授の金井利之さんを交えた「給特法のこれまでとこれからを考える」鼎談《ていだん》を収録しています（第6章）。

本書全体を貫くテーマは、今や「定額働かせ放題」と揶揄《やゆ》され、教師の長時間労働の温床と目される1971年制定の「給特法」（公立の義務教育諸学校等の教育職員の給与等に関する特別措置法）の問題についてです。2023年から24年にかけて、この給特法が国として「抜本議論」される見通しとなっています。

学校の今後を左右する重要な節目を前に、果たしてどのような制度改革が教育現場を真に「残業地獄」から救い得るのか。

本書をきっかけに、より多くの方がこの問題に関心を持ってくださることを、執筆者一同願っています。

西村祐二

先生がいなくなる　目次

はじめに　3

第1章　教師を苦しめる「命令なき超過勤務の強要」　西村祐二

採用1年目の教師が自死　16
ネット上に溢れる悲鳴　19
現場教師の6割が「教師のバトンは渡せない」　21
番組ディレクターが見た学校現場　24
横たわる「給特法」の問題　27
なぜ残業が増えたのか　30
2019年の「給特法一部改正」　35

第2章 時間管理なき長時間労働
――給特法下の「見えない残業時間」 内田 良

分刻みのスケジュール 44
午後3時半に磁場が狂う――究極の労働者から、究極の聖職者へ 46
定額働かせ放題――残業代が合法的に支払われない 49
時間意識とコスト意識の欠落 52
生徒の下校時刻は18時台？ 55
改正給特法の下での新たな時間管理と「見えない残業時間」 59
「見えない残業時間」の実態 63

第3章 教育現場から訴える学校改善の方策 西村祐二

「給特法のこれからを考える有志の会」のオンライン署名 74
2022年、「給特法の見直し議論」が始まった 79
「給特法見直し」のパターン 82

日本の学校の異常な業務量　84
成功を収めた韓国の働き方改革　88
有志の会の「国への要望書」　91
給特法を変えることは人を増やすこと　94
給特法成立の歴史～1960年代の教師たち　98
学校の「働き方改革元年」は訪れるか　103
コラム　なぜ教員志望の学生は減少しているのか？　110
現状の教員の労働環境を学生はどう思っているか？　112
軽視される「ケア」　116

第4章　学校の働き方改革が「先生以外の人たち」とも無関係でない理由　小室淑恵

睡眠不足の上司ほど部下に侮辱的な言葉を使う　120
教員の長時間労働放置が、子どもたちを過酷な状況においつめている　122

出勤していても意味がない「プレゼンティーズム」 125
学校現場で働き方改革が進む重要なポイント 127
なぜ給特法の廃止なのか？ 132
廃止が示されると、飛び移りが殺到する 134
国民の税金を無駄にする政策の例 136
経済界からも給特法の廃止に賛同 138
睡眠が、クリエイティビティ・記憶力を強化する 140

第5章 学校現場での働き方改革——知られざる「リアル・ノウハウ」

田川拓麿

学校現場における働き方改革の進め方 146
先生たちの働き方改革メソッド①
「朝夜メール」で業務時間がガラリと変わる 147
先生たちの働き方改革メソッド②
「カエル会議」からすべてが変わる 149

◆具体事例①　静岡県富士市立富士見台小学校
　2016年より他地域に先駆けた働き方改革　151
時間に対する意識改革からスタート　153
留守番電話を設置し明日の授業準備に集中できる環境へ　154
◆具体事例②　岡山県浅口市立鴨方東小学校
　PTA、地域住民、児童の意見を反映した働き方改革　158
時間に関する校内の取り決め「カエル5」の作成　164
◆具体事例③　埼玉県伊奈町教育委員会
　教育長が先頭に立ち、教師が子どもと向きあう時間の確保に貢献　171
業務の目的と手段を見直し、子どもと向き合う時間を確保　173
学校でも活かせる！「生産性」意識が変わる人事評価制度　179
子どもたちのために、仕事を「断る・減らす・なくす」勇気を持つ　182

第6章

給特法の「これまで」と「これから」を考える座談会

金井利之　内田良　小室淑恵

給特法が生き残った経緯　186
教員は「定額働かせ放題」を30～40年も先取りしていた　188
子どものために「経済的合理性を無視して働く」先生たち　191
「曖昧な評価しか存在しない」から仕事が増える　194
「無償の報酬を要求する社会」から脱却せよ　197

おわりに　200

第1章

教師を苦しめる「命令なき超過勤務の強要」

西村祐二

採用1年目の教師が自死

「今欲しいものはと問われれば、睡眠時間とはっきり言える……いつになったらこの生活も終わるのだろう」（２０１４年５月13日）

２０１４年10月、そんな日記を残し車内で自死を選んだのは、採用からわずか半年の若手中学校教師・嶋田友生《ともお》さん、27歳だった。

中学校時代から欠かさずつけていたという日記には、亡くなるまでの半年間に次のような記述が残されている。

「寝たいが、そうすれば、仕事が回らなくなるというこの状態をどうしたもんかと思いつつ、の一日だった。にしても疲れた」（５月９日）

「指導案、レポートとやらねばならないことがたくさんあり、しかし体が動かず……夜は名水祭りの巡視のために上中（筆者注：中学校）へ出動した。明日の残り１日の休日を大

写真 1-1　嶋田友生さんの日記（嶋田富士男さん提供）

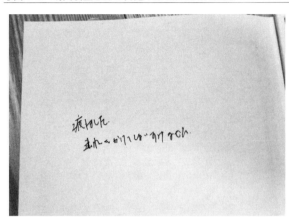

切にしたいが、休んではいけないという強迫観念」（8月2日）

「授業準備、指導案と、見通しが立たないことばかりで困ったものだ。眠っていても夢の中で考えている状況」（9月9日）

表紙の裏には「疲れました。迷わくをかけてしまいすみません」と、最後の言葉が走り書きしてあった（写真1－1）。

「息子は精神的にも肉体的にも強い子でした。それなのに、採用から1か月後の5月には疲れた表情を見せるようになりました」。

父親の嶋田富士男さんは、そう語った。

当時、富士男さんを愕然《がくぜん》とさせたのは教育委員会の担当者から出た「亡くなったことは残念ですが、皆に慕われたいい先生でよかったではないですか？」という言葉だった。

「『いい先生』は熱心さが行きすぎてみずからを追い詰めてしまうということか？　謝罪の言葉もなく、管理側は責任を感じていないのか？」

息子が死ななければならなかった本当の理由が知りたい。そう考えた富士男さんは2017年2月、友生さんの勤務していた若狭町と福井県を相手取り提訴。パソコンなどの記録から、月の残業時間が128～161時間にのぼると訴えた。

一方、被告となった町と県は、「給特法により公立教員の残業は自発的行為と判断されるため、管理側に安全配慮義務違反はなかった」と主張。法廷で、教師の長時間勤務を野放しにする法律の存在が露わとなった。

福井地裁は2019年7月、原告である富士男さん勝訴の判決を出した。公立教員の長時間勤務による過労死事案で、損害賠償を認めた全国初の判決となった。

その後、異例なことに町と県は控訴せず、富士男さんの勝訴は確定した。

それから数年が経った。

教師のうつ病などの精神疾患を原因とする休職は、5000人を超えて高止まりが続いている。最新の調査である2021年度は前年から694人増加し5897人と、過去最多を記録した（文部科学省「令和3年度公立学校教職員の人事行政状況調査」）。

嶋田富士男さんは昨今の状況を踏まえ、次のように語る。

「この数年間、徐々に学校の働き方改革が進みつつあると言われるが、本当にそうなのか。友生の死が活かされたとは思えない。問題の根本は何一つ変わっていません」

ネット上に溢れる悲鳴

「まだ中学校教員になって3週間も経ってないけど、正直この1年で辞めようかなって思ってる。理由は部活動。学級経営で頭がいっぱいで教材研究もろくに出来てないのに、放課後休日は部活動って意味わからん」

「3年勤めて精神疾患になりました。土日休めない。毎日残業。毎月90時間近くの時間外労働。死にたいってずっと思ってた。労働環境の改善こそが、これからの先生たちに届けたい本当のバトンです」

（「『子どもたち、ごめんね』〝#教師のバトン〟は、いまどこに？」NHK WEB特集 2021年4月30日）

教師の労働問題に対する社会的関心は、インターネット上の匿名空間（ツイッター）に教師たちが右記のような「悲鳴」を書き込み始めたことから高まったと言われている。教師たちが「ネット上」に「匿名」で発信する理由は、職員室は今なお保守的であり、「残業が辛い」という類の発言は学校内では憚《はばか》られるからである。

こうした発信はしばしばメディアに取り上げられ、この数年、教師の働き方がより多くの人の目に留まるようになった。「先生の働き方は過酷」という世論を作ったのは、紛れもなく、ネット上に溢《あふ》れる名もなき発信者たちの「声」であった。

教職を志す学生たちにとっても、将来就く職場の実情を知るにはツイッターを眺めるのが一番である。若者たちがこぞってこうした発信を見るようになった結果、「教育現場はブラック職場」という認識が大学生にも浸透するようになった。少なくない大学生や高校生は憧れの教職の道を断念するようになり、そうしたことも相まって「教員不足」の現状が静かに作られてきた。

「はじめに」で述べたように、2021年度に実施された小学校教員採用試験の平均倍率は2・5倍で、過去最低を更新（文部科学省発表）。このままでは、先生のなり手がますますいなくなる。

そんな中、ツイッター等に現場教師から「学校のちょっとイイ話」を発信してもらえたらトレンドも変わるのではと考えた文部科学省は、２０２１年3月26日に「#教師のバトン」というハッシュタグを付けたＳＮＳ投稿を呼びかけた（ハッシュタグとは、発信がより多くの人の目に触れるよう、ＳＮＳ投稿の際に付けられる閲覧・検索ワードのこと）。

結果は、推して知るべしであった。

発信者たちはこぞって「#教師のバトン」を付け、いかに教育現場が過酷な状況にあるかを「直訴」し続けた。右記のＮＨＫの報道によると、文科省が呼びかけてから1か月間に、リツイートを含めた投稿数は22万５０００件以上（含めないものは4万１０００件余り）。その多くは現状をネガティブに訴えるものだった。

こうして官製ハッシュタグ「#教師のバトン」は、瞬く間に「大炎上」した。

現場教師の6割が「教師のバトンは渡せない」

重要なのは、このように学校現場をネガティブに捉える向きは、ネット上に溢れる顔も見えない「一部」の教師のみではないということである。第2章で詳述する「学校の業務に関する調査」（2021年11月、名古屋大学大学院の内田良教授らのグループが実施）によると、「自分の学校の子どもに教職を勧めることができない」と答えた教員の割合は、60・0％（N＝924、小中学校教員）。現場の教師の実に6割が、「教師のバトンは渡せない」と考えているのだ。

文科省による「#教師のバトン」プロジェクトが始まって3週間後、私は内田良さんらとともに、現役教師の生の声を伝えるためのオンラインイベントを開催した（「Twitterの外へつなげ！「#教師のバトン」から声をあげよう！」2021年4月18日）。

事前に発言者を募集したところ、「ほとんど集まらないかもしれない」という主催者側の不安を覆し、70人の教師が「話をしたい」と手をあげてくれた。顔を隠して音声を変えるという条件だったものの、SNSでの発信よりもずっと身バレのリスクを感じたはずである。しかしそれ以上に、文科省等の政策立案者に現場の思いを知ってほしい気持ちが勝《まさ》っているように感じられた。

発言者のうち、青山さん（仮名）という小学校教師は次のように話した。

「私は今、うつ病で学校を休職しています。同じような状況の友人が3人いて、薬を飲みながら学校で働いています。『子どものため』に必要と言われれば、無限にやることが増えてしまいます。学校現場では、子どものためを考えない先生などいないと思います。しかし子どものためにと上から創意工夫を求められる風潮が、先生たちを追い詰めます。教員を増やすべきですが、それがすぐに難しい状況であれば、文科省が矢面に立つ覚悟で『子どものためであっても、これは禁止します』という禁止項目を発表するなどの強い措置が必要だと思います」

「実は今、転職を考えています」と言いながら、震える声で教育界のために声を上げる青山さんの話は、進行役の内田良さんが不意に涙を流してしまうほど切実なものだった。

「学校の業務に関する調査」によると、「過去2年間に辞めたいと思ったことがある」教師は全体の65・8％（N＝924、小中学校教員）に上る。

番組ディレクターが見た学校現場

実際の学校はどのようなものなのか。

学校現場に半年間密着取材をしたドキュメンタリー番組がある。2019年に福井テレビが制作した「聖職のゆくえ〜働き方改革元年〜」だ。ナレーションを人気俳優である菅《す》田将暉《だまさき》さんが務めたこともあって放送直後から話題となり、民放界では最も権威ある賞の一つと言われる日本民間放送連盟賞の準グランプリを獲得した。

番組作りをほぼ一手に引き受けたディレクターの小川一樹さんは、当時を振り返ってこう述べた。

「当時、福井市内の多くの学校から取材を断られました。学校内にカメラを入れることは、今もそうだと思いますが、それほど難しいことなのです。特に先生方の働き方をありのまま描くような番組でしたから、なおさら交渉が難航しました。最後にすがるような思いで私の母校の福井市立足羽《あすわ》中学校を訪ねました。そこの森上愛一郎校長（当時）は、む

図 1-1　中教審答申で示された学校の業務仕分け

基本的には学校以外が担うべき業務	学校の業務だが必ずしも教師が担う必要のない業務	教師の業務だが負担軽減が可能な業務
①登下校に関する対応	⑤調査・統計等への回答等	⑨給食時の対応
②放課後から夜間などにおける見回り、児童生徒が補導された時の対応	⑥児童生徒の休み時間における対応	⑩授業準備
③学校徴収金の徴収・管理	⑦校内清掃	⑪学習評価や成績処理
④地域ボランティアとの連絡調整	⑧部活動	⑫学校行事の準備・運営
		⑬進路指導
		⑭支援が必要な児童生徒・家庭への対応

出所：中央教育審議会「新しい時代の教育に向けた持続可能な学校指導・運営体制の構築のための学校における働き方改革に関する総合的な方策について（答申）」2019年

しろ『現場の様子を一人でも多くの人に見ていただきたい』と考えてくれたようで、職員会議を含めて学校内を自由に撮影することを許してくれたのです」

番組で印象深いのが、足羽中学校の教師たちが小川ディレクターにすっかり心を許して話をするインタビューの数々である。二人の子どもを持つという女性教員は、子どもが幼い頃に何度も教師を辞めようと思ったと言う。

「どうしても早く帰れない時期があって、家に帰ると子どもたちがご飯も食べず、お風呂も入らず、床で転がっているんです。それを見たときは、涙が出そうになりました」

一児の父である男性教員は、1週間の時間外勤務が26時間、月換算すると優に100時間を超えるペースだったが、「残業しているという意識がなかった」と話した。

「生徒は（定時前の）早くから（定時後の）18時半までいて、それが当たり前になってしまっているので。正直（背景にある法律の問題など）考えたこともなく、しょうがないなという（意識でした）」

森上校長の覚悟に満ちた発言もあった。折しも、後述する国をあげての「学校における働き方改革」が並行して行われており、文科省から業務の棚卸し指示が教育委員会を通じてあった（図1-1）。しかしその文書を見た森上校長は、職員会議の冒頭、カメラの前にもかかわらず、次のように憤った。

「（国は）学校の業務を分類しました。しかしながら、分類だけしてあとは知らんという感じ。率直な感想を言いますと……現場のことをまるでわかっていない」

後日、当時の思いを森上校長に尋ねると、次のように話した。

「責任を丸投げして、お金もつけない、人もつけない。結局現場で何とかしなさいというように感じられました。しかし登下校の見守り、休み時間の対応、部活動指導など、教師以外に誰がやってくれますか？　学校現場は保護者や地域の期待を背負っていて、業務を減らすのはそう簡単ではない。そんなことよりも国がやるべきことは、給特法を廃止して残業にはちゃんとお金が支払われるようにする。そのことで業務量に見合った人と予算をつけるべきではないかということでした」

横たわる「給特法」の問題

番組が主題としたのは、こうした学校の長時間勤務の背景に横たわる給特法という法律だ。

給特法とは、正式名称を「公立の義務教育諸学校等の教育職員の給与等に関する特別措置法」と言い、現在は公立学校のみに適用される法律である。「現在は」と断ったのは、この法律はそもそも１９７１年に国家公務員であった国立大附属教員を対象に作られ、地方公務員である公立教員はそれに「準拠」する扱いであった。

しかしその後、２００４年に国立大学が法人化されると、国立大附属教員は国家公務員の身分を失い、給特法の適用から外れ、この法律は公立教員のみを対象とする法律に変質してしまったのである。私立教員は、もともとこの法律の適用にない。

この法律は、「教職は特殊である」という前提に立ち、公立教員を他職には見られない特殊扱いの下に置いている。すなわち、公立教員には基本的に残業を命じない代わりに残業代は支払わないとした（労働基準法第37条「時間外、休日及び深夜の割増賃金」[1]を適用除外とした）。そして、こうした特殊扱いに対して月給４％の「教職調整額」を支払うこととした。なぜ「４％」なのかと言うと、この法律ができる前、１９６６年の教師の平均残業時間が月８時間程度であり（文部省〔当時〕「教員勤務状況調査」）、その労働時間に見合う額として設定されたのである。

しかし給特法制定から50年以上が経ち、２０２１年11月実施の「学校の業務に関する調査」によると、小学校教員の１か月の平均残業時間は97時間50分。中学校教員は１１４時間７分（持ち帰り仕事時間や取得できなかった休憩時間を含む）。調査手法が違うため一概に比較はできないが、残業時間は給特法制定当時と比べて何倍にも膨れ上がっている。

それでもその残業は、給特法の下では「管理職命令によるものではない」とされ、追加の残業代支払いはなく、時間外勤務は教師の崇高な職業意識から自発的に行った扱いと処理されている。つまりは、何時間働いても「教師が好きで残業した」という扱いにされてしまうのである。

このような給特法は、近年「4％定額働かせ放題」「やりがい搾取の典型」と揶揄されるようにもなった。

しかし、こうした「教師が好きで残業した」という扱いを念頭に置くと、本章の冒頭で紹介した過労死遺族の嶋田富士男さんが愕然とした「いい先生でよかったではないですか」という言葉も、ドキュメンタリー「聖職のゆくえ」に登場した男性教員が「残業しているという意識がなかった」と話した理由も、森上校長が「分類だけしてあとは知らん」という態度に感じた国の姿勢も、すべて辻褄《つじつま》が合う。

つまり、「亡くなるまで子どものためを思ってみずから働き続けた息子さんは教師の鑑《かがみ》です」「実際に残業していても残業扱いを受けたことがなく、残業しているという意識がなかった」「国としては学校の業務を分類したから、あとは好きで残業している本人同士で話し合ってくれ」という扱いに置かれているのである。

1　給特法の下でも、例外的に臨時緊急時の①生徒実習、②学校行事、③職員会議、④非常災害等の「4項目」には残業命令を出すことができる。

学校の残業には、法的にはそれを命令した責任者はいない。この法律の下で「学校における働き方改革」と言ったところで、学校の残業は「法的には存在せず」、何やら正体の摑《つか》めない「自発的な長時間勤務」がアンコントローラブルなまま放置されているのである。

なぜ残業が増えたのか

給特法の制定によって残業代を支払う必要は皆無となり、どれだけ残業が増えても国や自治体は追加予算を必要としない、つまり「懐がまったく痛まない」状態となった。また長時間勤務に耐えきれなくなった教師が司法に訴えても、「それはあなたが好きで残業していたという扱いになります」と、裁判所が原告教師に敗訴を突きつける血も涙もない判決が今日まで数十年間続いてきた。このように、「追加コストゼロ」「責任は教師に丸投げ」で残業を押し付けられるとなると、無限に業務負担が増加する可能性が拓けてしまった。実際に給特法制定後、数十年かけて教師の残業は雪だるま式に膨れ上がることになる。

その歴史を、「聖職のゆくえ」は次のように描いている。

（1971年の給特法制定後）教員を取り巻く環境は、大きく変わっていきます。1970年代から1980年代、校内暴力や非行が多発。非行防止の観点から、部活動を奨励。教員も付き添うことに。さらに、いじめや不登校、2000年に入るとモンスターペアレントが社会問題化します。大阪の小学校では、無差別殺傷事件が発生。学校で起こる様々な問題に、先生は対応を迫られることになるのです。

そうした対応に追われ、教員が学校にいる時間は、必然的に伸びていきました。加えて、2002年には、週5日制がスタート。週6日分の授業時数を5日でやらなければならず、教員の負担はさらに増すことになります。

この後の歴史的展開はと言えば、2000年代にいわゆる「ゆとり教育」への批判が起き、今日に至るまでの20年間、国が定める学習指導要領の内容や標準授業時数は増加の一途を辿《たど》ってきた（写真1－2）。

仮に給特法がなければ、「教師を働かせたくても予算がありません」「サービス残業を押し付けると訴訟リスクが高まります」など、どこかの段階でブレーキがかかったはずであ

写真1-2　改訂のたびに分厚くなる学習指導要領

上から1998年（67,288文字）、2008年（89,531文字）、2017年（135,677文字）告示の中学校学習指導要領。小学校・高校も傾向は同じである。括弧内は各指導要領の文字数。

文字数の出所：内田良「学習指導要領が分厚くなっている」「内外教育」時事通信社、2022年10月4日。写真は筆者による

る。しかし給特法が管理側のコスト意識を失わせた結果、教師が倒れるギリギリまで働かせる……いや実際に何人もの教師が倒れても何も変わらない学校現場が現出してしまったのである。

毎日新聞の調査によると、２００７年度から２０１６年度の10年間に確認された教師の過労死は63人。しかしこれはあくまで氷山の一角にすぎない（毎日新聞「公立校、10年で63人　専門家『氷山の一角』」２０１８年４月21日）。

「嫌なら辞めてもらっていい」という強気な態度が通じた時代ならまだしも、このような理不尽な扱いが明るみに出た今日、教育現場に「そして誰もいなくなった」未来が見え隠

れしている。

私はかつて、教員養成系大学に通う学生が「学校現場を船に例えるならば、沈没していく船である。今、教員志望の学生がどんどんその船に乗り込むのを辞めている」と壇上で話すのを聞いたことがある（日本労働弁護団主催イベント、2019年11月24日）。その学生も、結局教師にはならなかった。

「強制とは言いませんが、子どもへの愛情と教師としての使命感で、定時外もボランティアで3〜4時間ほど働いてくれますよね」と言うかのような公立学校は、明らかに令和の若者の支持を失っているように見受けられる。実際に志望者が0人になることはないとしても、本当は来てほしいと思う優秀な大学生であればあるほど、学校という職場に将来性のなさを感じて「いなくなる」かもしれない。

「はじめに」で述べた小学校教員の採用倍率2・5倍というのは2021年度実施分であるが、2022年度実施分ではさらに低下傾向が速報されており、小学校教員の採用試験では全国66の自治体のうち約半数の30の自治体で倍率が1倍台であった（時事通信社「2023年度（2022年夏実施）教員採用試験受験者数・合格者数・倍率一覧」2023年1月20日付）。1倍台で適切な選抜ができるのか、大変心許《こころもと》ないと感じてしまうのは筆者だけではないだろう。「教師にでもなるか」「教師にしかなれない」という人が集まったと揶揄される「デモシカ」時代が、令和に再訪するかもしれない。

「聖職のゆくえ」のラストシーンは22時を過ぎた職員室。何人もの教師が定時を大幅に過ぎて働き続ける姿があった。番組は、菅田将暉さんの「2019年、令和元年。働き方改革元年です」の言葉で締めくくられた。そこには「働き方改革関連法が施行され、民間では『働き方改革元年』と称される2019年なのに……」という悲哀が込められていた。

小川ディレクターは、学校外の人間として半年間にわたり職員室を見つめ続けて、どのように感じたのだろうか。

「驚いたのは、先生方には残業の意識もなければ、労働しているという感覚すらないことでした。勤務時間も休憩時間も知らないという人が本当にいたのです。生徒のためなら時間など関係なくどこまでもやる。しかし、それによって先生自身の時間がどんどん削られている現実に危機感も覚えました。健康被害はもちろんのこと、私生活に見識を広めたり今の社会の動きを知るなど先生自身の研鑽の時間が取れないとなると、教育の質に直結します。先生たちの働き方改革は子どもたちのため、日本の未来のためでもあるはずなんです」

2019年の「給特法一部改正」

先にも触れたが、「聖職のゆくえ」が撮影されていた時期と並行して、国の有識者会議である中央教育審議会（以下、中教審）で、「学校における働き方改革」が議論されていた（2017年6月〜2019年1月）。

2019年1月25日、1年半にわたる議論のまとめとして、「タイムカード等を用いて勤務時間を客観的に把握すること」「学校の業務を分類すること」「残業時間の上限を月45時間・年360時間に設定すること（ただし罰則なし）」「1年単位の変形労働時間制を導入可能とすること」などの提言が出された。しかし、給特法の一番の問題点である「教師が好きで残業した」という扱いになる部分は棚上げされ、教師に残業代を支払うことも「中長期的な課題」とされた。

中教審「学校における働き方改革」特別部会長を務めた小川正人《まさひと》さんは、朝日新聞の取材に対し、審議の実情を次のように明かした。

「見直し案として、給特法を完全に廃止する案から、職務命令をできる業務を今の4項目から増やす案、校長の判断で必要な業務の時間外勤務を命じることができる案、教員の判断で時間外勤務を行い、自己申告する案などを検討しました。ただ、共通するのは、時間外勤務を広く認めれば、教員の給与を増やさざるを得ない点です。追加財源を期待できない以上、実現は無理でした」

（朝日新聞「教員の働き方改革、答申素案狙いは」2018年12月24日）

この記事によれば、「4％定額働かせ放題」が教師の働き方の現状と乖離《かいり》していることが問題とされつつも、「財源を期待できない」という理由で改善が潰《つい》えたことがわかる。「試算によれば、教員の働き通りに教職調整額を支払うとすると、1年間で9000億円から1兆数千億円が必要」という金額がネックになったのだった。

この年（2019年）の10月から始まった臨時国会では、中教審の提言を受けつつ「給特法一部改正」のための国会審議が行われることとなった。

その国会審議において、ネット上で活動する教師として参考人招致を受けたのが、ほかでもない筆者であった。

　ここで改めて筆者の自己紹介をすると、私は岐阜県公立高校教諭であり、これまでツイッターやオンライン署名、書籍や記者会見などでたびたび学校現場の問題点や改革案を提起してきた（ツイッター名、斉藤ひでみ）。特に給特法をめぐっては、この臨時国会までに、2018年2月に始めた「給特法の抜本改正を求めるオンライン署名」、2019年9月に始めた「給特法一部改正に伴い導入しようとする一年単位の変形労働時間制の撤回を求めるオンライン署名」という二つの署名活動を展開（拙著『迷走する教員の働き方改革：変形労働時間制を考える』〔共著、岩波ブックレット、2020年〕を参照）。そうした活動が認められ、教育現場の実情を知る参考人として、参議院文教科学委員会への出席を求められたのである。

　当日は全国的な教職員組合の委員長も国会参考人として呼ばれていたが、そうした組織の後ろ盾を何も持たない文字通り「一教師」にすぎない私に声がかかったことは、前代未聞の珍事と言うほかない。別の視点から述べれば、SNS等を通じた個人の教師の発信も、国政の場で取り上げられる時代となったのである。

　質疑の中で、残業の責任者が不在となっていることと、それゆえ教師が不条理に現場を去っていく様子を、私は次のように説明した。

「（管理職から）来年度の1年間の年間スケジュールはこんな感じですと。これは今年と同じように行事もたくさんありますけれども、皆さん、これでよいですかと言われて、なかなか意見が上げにくいような職員会議の中で、5秒、10秒で、『はい、では決まりです』と。来年もこのスケジュールで、どうか皆さん、ぎりぎりまで頑張ってくださいというような形で、これは皆さんが職員会議の中で了解していただいたものですから、と。今度は管理職から、ともすれば一人一人の教員に対して責任が投げられていくような現状です。ですから誰のせいで、何のために私はこんなに働いているんだろう、そして疲れて静かに消えていく、辞めていくというような実際です」

（第200回臨時国会、参議院文教科学委員会、2019年11月28日）

右記質疑の最後を私は、「（教師の残業の）責任がどこにあるのかということも給特法の問題を考える上ではっきりしていただくということが非常に大事かと思っております」と締めくくった。

学校現場で発生している残業は管理職からの職務命令のように思えて、その実、教師の自発的な行為とみなされてしまっていることは、過去の裁判例からも明らかである。例えば、２００７年の北海道立学校教育職員時間外勤務手当請求事件（札幌高裁平成19年9月27日）では、次のような判決が出されている。

「各教育職員は、必然的に時間外勤務等を行うことになることを前提として、教職員会議で職務分担等を決定しているというべきであるから、各教育職員が職員会議の決定で割り振られた職務を行う必要上時間外勤務等に及んだとしても、そのような時間外勤務等は、教育職員が自らの意思に基づいて決定したところに基づくもの、すなわち自主的に行ったものと評価するのが相当である。なお、校長が教育職員にひたすらお願いしてクラス担任や部活動の担当を引き受けてもらうことがあるが、このような場合も、教育職員がプロフェッションの一員であるとの自覚のもとにやむを得ず引き受けたものと考えることができるから、引き受けた教育職員の自主的な決定というべきである」

「教育職員がプロフェッションの一員であるとの自覚のもと、自主的に正規の勤務時間を超えて勤務した場合には、その勤務時間が長時間に及ぶとしても時間外勤務等手当は支給されない」

給特法制定から半世紀以上が経ち、学校の業務が膨れ上がってしまった結果、現場は「せざるをえない残業」を山のように抱えている。それにもかかわらず、それが「好きで残業した」という扱いにされてしまう「命令なき超過勤務の強要」が一人ひとりの教師を苦しめる。私を含め、この給特法の根本問題を解決してほしいという声は国会の内外で聞かれたが、審議に反映されることはなかった。

最終的に2019年の臨時国会では、給特法を一部改正し、「自発的な残業にも月45時間・年360時間の上限を設ける（ただし罰則なし）」「一年単位の変形労働時間制を導入可能とする」という中教審の提言に沿った内容が決まった。「給特法の抜本的な改善ではなく、とりあえず法律の一部改正でしばらく様子を見よう」というのが本音だったと思う。

一方それに抗《あらが》う議員らの努力もあり、審議の附帯決議として次のような一文が付された。附帯決議とは、法案可決の際に審議委員会の意思を書き記したものである。

「三年後（筆者注：2022年度）を目途に教育職員の勤務実態調査を行った上で、本法（給特法）その他の関係法令の規定について抜本的な見直しに向けた検討を加え、その結果に基づき所要の措置を講ずること」

（「公立の義務教育諸学校等の教育職員の給与等に関する特別措置法の一部を改正する法律案に対する附帯決議」参議院文教科学委員会、2019年12月3日）

つまり3年後に実施する文科省の全国的な残業調査、「2022年度教員勤務実態調査」の結果を見た上で、給特法については再度議論を行うと明記されたのである。

第2章 時間管理なき長時間労働

――給特法下の「見えない残業時間」

内田　良

分刻みのスケジュール

「時は金なり」と言うけれど、この社会には、何時間余計に働いてもそれがお金に換算されない職場がある。国家百年の計を担う「学校」が、その職場である。

1971年に制定されたいわゆる「給特法」の下では、使用者に残業代支払いの義務が課されない（詳細は後述）。残業代の支払いがないということは、残業した時間を把握する必要もない。こうして学校は、時間意識やコスト意識が希薄な職場へと化した。

国も、教員の勤務実態に関する調査を、1966年以来2006年まで実施することはなかった。40年もの間、教員の労働はその実態が見えないままに放置された。

ただし、誤解を恐れずに言うならば、さまざまな職場がある中で、学校は最も時間管理が厳格な職場の一つであろう。50分の授業、10分の休憩、50分の授業、10分の休憩……と、1日の活動が細かく区切られ、活動の節目にはチャイムが鳴り、定刻が訪れたことを知らせてくれる。

チャイムは、まさに時間管理の象徴である。教員も子どもも全員が、あらかじめ設けられた定刻に従って動いていく。改めて考えてみると、学校という空間は実によく設計された、近代社会の合理的なシステムと言えよう。

定刻を守らなければ、次の活動に直接的な支障が生じる。一つの授業が5分でも延びると、次の授業に影響が及ぶ。教室移動があればなおのこと、5分延長の影響は大きい。だから全員で時間を遵守する。チャイムの音色は、私たちの身体を拘束する。

このところ従来の時間管理をさらに一歩進めた「○分前〜〜」という取り組みをよく耳にする。

授業が円滑に始められるよう、子どもは休み時間中に準備をして、例えば授業開始の3分前には教室に入り、2分前には着席する。あるいは5分前に入室、3分前に着席といったパターンもある。1分前には黙想を取り入れている学校も少なくない。学級委員などが、クラスメイトに声かけをして、厳格な時間管理を達成する。

定刻のチャイムと同時に「起立」の号令がかけられ、授業が円滑に開始される。「浜松TG（トランスジェンダー）研究会」の調査によると、浜松市では市立中学校48校のうち19校で、3分前入室、2分前着席、1分前黙想などの「分刻みのスケジュール」が組まれていたという（読売新聞、2019年12月29日）。

午後3時半に磁場が狂う——究極の労働者から、究極の聖職者へ

ある公立中学校では校則を学校のウェブサイトに公開しており、そこには「〇分前〜〜」をはじめとする時間上のルールが示されている。時間管理に関連する事項のみを抽出すると、図2-1の表の通りである（匿名化にあたって、文意を損ねない範囲で、文言等を一部書き換えた）。なおこの表は、後段でも再度言及するので、全体に目を通してもらいたい。「下校」の時刻について「最終下校時刻」が示されている。その時刻を見て、根本的な疑問が思い浮かばないだろうか。その疑問への解は、もう少し先に進んでから明らかにしたい。

「3分前準備完了、2分前着席、1分前黙想」と「分刻みのスケジュール」が学校のきまりとして適用されている。さらには、学校が早くに終わって帰宅した場合には、学校の管轄外ではあるけれども、家庭での過ごし方について「15時30分までは外出しない」と指導がなされる。実に、学校の管轄を超えてまで、時間管理が「学校生活のきまり」として徹底されている。

図 2-1　ある中学校の校則に記された時刻関連の項目

A中学校　学校生活の決まり
➢ **登校** 教室に入り、8時00分までに着席を完了する。
➢ **授業と休み時間** 3分前準備完了、2分前着席、1分前黙想。
➢ **定期試験** 試験終了のチャイムで鉛筆から手を離し、ただちに黙想する。 最後列の生徒が解答用紙を集める。
➢ **下校** 放課後に用事がない場合には、すみやかに帰宅する。 部活動に参加する場合には、最終下校時刻を、 4月から10月は18時30分、11月から3月は17時30分とする。
➢ **保健室** 利用時間は原則として、1日に1時間までとする。
➢ **その他** 特別な時間割により、早く帰宅した場合、15時30分までは外出しない。

学校の本務である授業の時間帯は、その円滑な運営を目指して、分刻みの時間管理が行き届いている。もちろん教員もこれを守らないわけにはいかず、教員も子どもとほぼ同様に分刻みのスケジュールに則《のっと》って行動することが前提とされる。時間管理の点において学校は、多くの企業が圧倒されるほどに、厳格な体制がとられている。

ところが6限目の授業を経て、帰りの会が終わる午後3時半あたりから、不思議なくらいに、時間管理のメンタリティが急速に消え失せていく。代わりに、「お金や時間に関係なく子どもに尽くすべき」という崇高な聖職者像が台頭する。放課後の代表的な教育活動である部活動について言えば、「たくさん練習して強くなる」という考えの下、生徒と教員がともに、毎夕（さらには土日）の活動に精を出す。

分刻みだった時間管理が、午後3時半頃を境に崩壊する。究極の労働者から、究極の聖職者への転換である。授業の時間帯には50分の中で最大のパフォーマンスを発揮しようと、教員は工夫を重ねてきたはずだ。一方で放課後は、長い時間にわたってたくさん活動してこそ、教員としての評価が高まる。

私は決して、教員自身の意識に長時間労働問題の責任を全面的に帰したいわけではない。働き方改革は基本的に行政主導で進められるべきである。

ただ、教員の意識改革の答えは、決してどこか遠くにあるわけではないことを、強調したい。私は「○分前〜〜」を推奨したいとは思わないが、学校がどれほど時間管理を得意としているかの証左として、「○分前〜〜」の日常をここに示した。

時間管理の肌感覚は、決して学校の外にあるのではない。教員は日中の大半を厳格な時間管理の中で過ごしているのであり、十分すぎるほどに時間管理の経験と感覚を有している。

定額働かせ放題――残業代が合法的に支払われない

学校の教員における出退勤の管理は長らく、出勤簿に印鑑を押すだけであったり、管理職が目視等で確認するだけであったりと、実質的には正確な時刻を管理できるものではまったくなかった。

2016年の「教員勤務実態調査」によると小学校ならびに中学校において、タイムカードやICT機器を活用して出勤や退勤の時刻を記録している学校は、全体の2割台にとどまっている（図2-2）。タイムレコーダー等による客観的な時間管理が当然とされている民間企業の労働者にとっては、あの長時間労働が常態化している学校で、それを把握する手立てが用意されてこなかったことは、大きな驚きであろう。

これまで学校の教育活動は、「時間管理なき長時間労働」によって支えられてきた。言葉を補うならば、時間管理しないから長時間化すると言える。時間数が把握されないがために、勤務の実態が可視化されず、それゆえに勤務時間数を抑制するための数値目標が立つこともない。実態がわからないままに、長時間労働が放置される。

教員の働き方をひと言で表すならば、「時間管理なき長時間労働」と表現できる。時間管理がなければ、どれだけ長時間働いているのかわからない。残業を何時間までに抑制すべきかの目標も立てられない。「時間管理なき」には、事実として時間管理がなされていないとの意味以上に、時間管理がないからこそ長時間労働に至ってしまうとの意味を込めている。

時間管理なき長時間労働が生み出された背景の一つに、「給特法」がある。公立校の教員に適用される法律で、正式名称は「公立の義務教育諸学校等の教育職員の給与等に関する特別措置法」である。

給特法は、1971年に制定され、1972年に施行された。制定当時は、公立校だけでなく国立校も対象とされていたが、2004年の国立大学の独立行政法人化にともない、国立校は給特法の対象外となり、同法は公立校の教員のみを対象とすることになった。国立校と私立校の教員には給特法が適用されることはなく、民間企業と同様に労働基準法の下で、残業を含む労働時間全体が管理されている。

給特法は第一条でその「趣旨」を、「公立の義務教育諸学校等の教育職員の職務と勤務態様の特殊性に基づき、その給与その他の勤務条件について特例を定めるものとする」と

図 2-2　小学校・中学校における出勤・退勤時刻の管理方法

教員の毎日の出勤時刻／退勤時刻の管理をどのように行っていますか	出勤				退勤			
	小学校		中学校		小学校		中学校	
報告や点呼、目視などで管理職が確認している	142	35.8 (%)	183	45.9 (%)	245	61.7 (%)	231	57.9 (%)
出勤簿への押印などで確認している	161	40.6	119	29.8	／	／	／	／
タイムカードなどで時刻を記録している	34	8.6	37	9.3	41	10.3	53	13.3
校務支援システムなどICTを活用して時刻を記録している	58	14.1	47	11.8	66	16.6	53	13.3
特に何も行っていない	3	0.8	12	3.0	43	10.8	55	13.8
その他	0	0.0	0	0.0	1	0.3	6	1.5
無回答	1	0.3	1	0.3	1	0.3	1	0.3
合計	397	100	399	100	397	100	399	100

出所：2016年の「教員勤務実態調査」より引用

記している。公立校の教員の職務と勤務態様は特殊であるから、一般の民間労働者や私立校・国立校の教員とは別の法律で、給与のあり方を定めるという。

ここで言う特殊性とは、文部科学省の資料によると、具体的には「修学旅行や遠足など、学校外の教育活動」「家庭訪問や学校外の自己研修など、教員個人での活動」「夏休み等の長期の学校休業期間」などを指す（中央教育審議会初等中等教育分科会「教職員給与の在り方に関するワーキンググループ」第10・11回の配付資料4－2「教職調整額の経緯等について」、2006年12月）。

教員は学校外での活動も多く、また年間を通して学校という場に拘束される時期とそうではない時期がある。労働時間をカウントしようにも、教員の労働時間は厳密に管理することが難しい。これをもって公立校の教員の業務には、民間企業の従業員や、私立校ならびに国立校の教員とは異なる「特殊性」があるとみなされている。労働問題に詳しい弁護士の嶋崎 量《しまさきちから》氏の言葉を借りれば、「給特法により、同じような教員として働く国立や私学の教員には支払い義務が課される残業代だが、公立学校の教員にだけは合法的に支払われない」（嶋崎量「公立学校教員の『働かせ放題』合法化する、理不尽な法律『給特法』変えるカギ」東洋経済オンライン、２０２２年5月17日、傍点は筆者）。

時間意識とコスト意識の欠落

教職の「特殊性」を根拠に、給特法は給料月額の４％分を「教職調整額」として支給するよう定めている（第三条第一項）。

１９６６年度に文部省（当時）が実施した「教員勤務状況調査」で、１週間の時間外労働が小中学校において平均で2時間弱であったことから、４％という数値が算出された。そして教職調整額を支給する代わりに、「時間外勤務手当及び休日勤務手当は、支給しない」（第三条第二項）。「公立の義務教育諸学校等の教育職員を正規の勤務時間を超えて勤務させる場合等の基準を定める政令」には、一部の限られた臨時の業務（いわゆる「超勤四項目」と呼ばれ、校外実習などの実習、修学旅行などの学校行事、職員会議、非常災害等を指す）を除いて、「原則として時間外勤務を命じない」ことが明記されている。

給特法の下では、教職調整額の支給と引き換えに、賃金と労働時間の関係性が切り離された。どれだけ労働に従事しても、給与は変わらない。2006年の文部科学省の資料では、定時を超えた業務は、その「内容にかかわらず、教員の自発的行為として整理せざるをえない」（中央教育審議会の資料「教員の職務について」中央教育審議会「教職員給与の在り方に関するワーキンググループ」第8回議事録・配付資料「教員の職務について」、2006年11月10日）。

定時を超えた業務は「自発的行為」とみなされ、正式な時間外労働として取り扱われることはない。

これが第一に、現場での時間管理を不要にした。残業時間をカウントする直接的な意味がなくなり、その結果、残業時間数がわからず、またその増大も見えないままとなった。1966年の「教員勤務状況調査」以降、国による同様の調査は、2006年の「教員勤務実態調査」まで40年もの間、実施されることはなかった。

第二に、国や自治体側のコスト意識を欠落させた。学校に新しい教育内容や課題を突きつけたところで、残業代が発生しないため、国や自治体は身銭を切ることがない。給特法制定当時、文部省(当時)は無定量の労働が強制させられることはないと考え、一方で日本教職員組合は無定量の勤務の強制が現実化すると危惧していた(広田照幸「なぜ、このような働き方になってしまったのか：給特法の起源と改革の迷走」、内田良・広田照幸他『迷走する教員の働き方改革：変形労働時間制を考える』岩波ブックレット、2020年)。結果的には後者が正しく、こうして学校は業務量の法的な抑止力を失ったまま、長時間労働への道を進んでいくこととなった。

なお、コスト意識の欠落については、私たち教育学者も同罪である。これまでたしかに一部の教育学者の間には、教員の長時間労働を危惧する声もあった。だが総じて、教育上のさまざまな課題を論じる際に、その目線はいつも子どものほうに向けられていた。サービス提供側(=教員)の人的資源の制約を前提にして、子どもへのサービス内容を検討すべきであった。だが、人的資源の制約よりもサービス内容の充実を優先させる形で、教育を語り、構想してきた。こうして「○○教育」が新たに生み出され、次々と現場に降りていった。私たち教育学者は、教員の長時間労働を解消するどころか、むしろ長時間労働に荷担してきた。国や自治体からも、学者からも歯止めがかかることなく、教員には新たな業務が課され続けてきた。

生徒の下校時刻は18時台？

このように学校は、半世紀にわたって労働時間の管理がきわめて脆弱《ぜいじゃく》なままに、日常の業務が回されてきた。

それを象徴するのが、教員の定時と子どもの学校滞在時間との関係である。

２０１０年代半ばの頃、私はある教員組合のイベントに参加し、長時間労働について議論を重ねる中でさまざまな意見を拝聴した。当時の私は、教員の部活動指導における過重負担について問題提起している最中であった。

そこでの参加者の声から、「そもそも子どもの下校時刻が、教員の定時の時間を超えていることが根本的に問題だ」という認識に至ったことを、はっきり記憶している。私にとっては新鮮な情報であったと同時に、あまりにも根本的な次元で理屈が通っていない事態が起きていると感じた。

先に言及した「A中学校　学校生活のきまり」を思い起こしてほしい。「最終下校時刻」が「4月から10月は18時30分、11月から3月は17時30分」と記されていた。部活動の練習のために、生徒の下校時刻が、教員の終業時刻を超えていると推測される。

A中学校では、生徒が教室への入室を完了するのが8時ちょうどであるから、教員もどんなに遅くともその時間には勤務が始まっているはずである。

そこで仮に、教員の始業時刻も8時ちょうどだとしよう。公立校教員の所定労働時間は7時間45分であり、途中に45分間の休憩が設けられている。フルタイムの場合、少なくとも8時間30分は学校に滞在し、終業時刻は16時30分となる。ところが、生徒の「最終下校時刻」（しばしば「完全下校時刻」とも称される）は、4月から10月は教員の終業時刻を2時間も超えている。11月から3月でさえ、1時間の超過である。

給特法では、ごく一部の業務を除き、時間外労働を命じることはできない建前になっている。時間外労働が命令されうるのであれば所定の終業時刻を過ぎた後に生徒の指導に従事することも想定できるが、現行法下ではそれはありえない。教職員でシフトを組んでいるというならば対応が可能かもしれないが、そのような運用もない。結局のところ終業時刻を過ぎてからは、教員が善意で無給のまま生徒の教育活動に時間を割いている。

顧客（生徒）の滞在時間が、従業員（教員）の就労時間よりも長く設定されている。根本的にあってはならないことが、常態化している。それにもかかわらず、そうした時刻設定は、対外的な文書を含めさまざまな文書に明確に記載されている。あまりにも堂々と、矛盾した状況がまかり通っている。

下校時刻だけではない。そもそも全国的に、子どもの登校完了時刻と教員の始業時刻が同じであるケースが多く見られる。

子どもが登校を完了しているということは、それよりも前の時刻に、子どもは学校に到着している。すなわち、教員もまた子どもの登校完了前に、業務を開始させている可能性が高い。

とりわけ小学校では、低学年であればなおのこと、教員は子どもから目を離すことができない。子どもの登校完了前から教室に入り、当日の授業等の準備をしつつ、子どもを迎え入れる。

東京都が２０１８年６月にユーチューブ上に公開した、「東京の先生の一日」と題する作品がある。紹介文によると「この動画では、東京で教員として働く魅力とやりがいを垣

図 2-3　教員の定時内に子どもの学校滞在時間が収まる場合

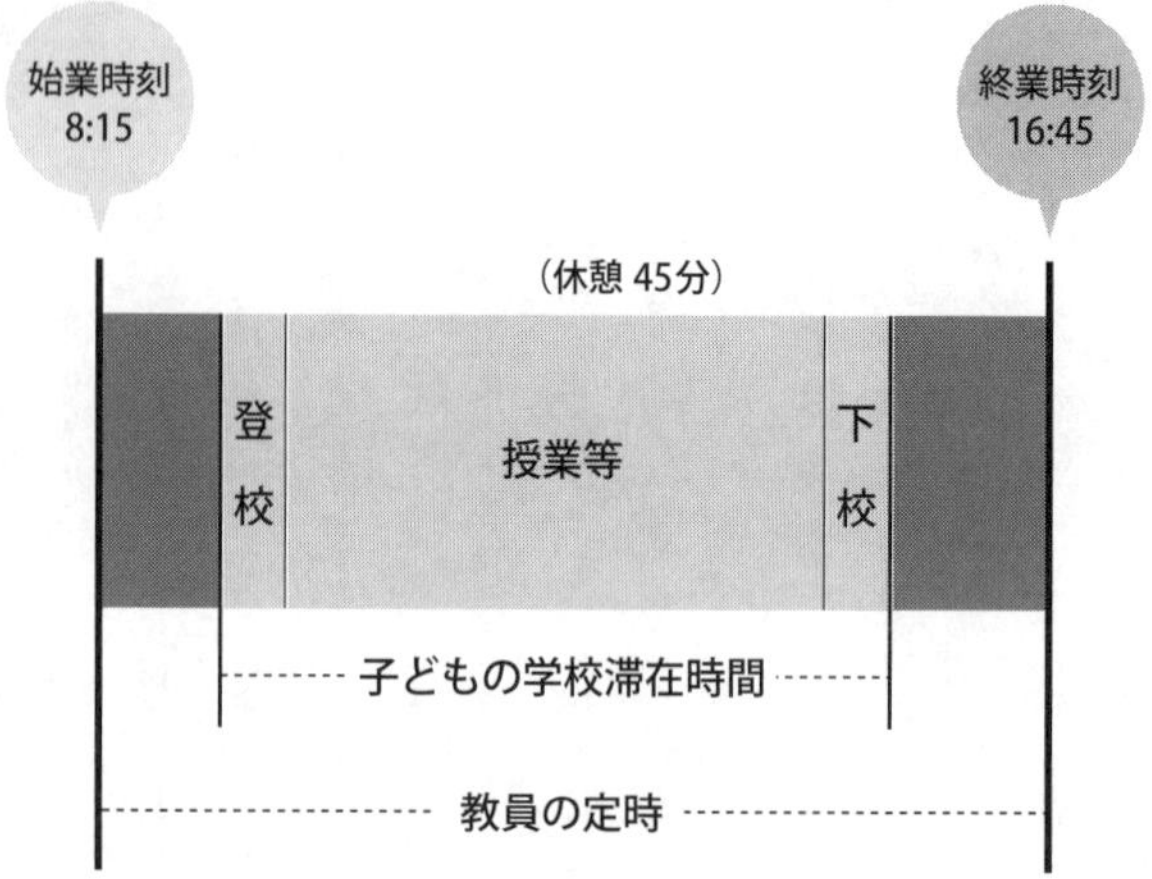

間見ることができます」という。動画は、「児童が登校するまでの間は、どんなことをしていますか？」との問いかけから始まる。子どもの登校完了前から、業務がスタートしていることが確認できる。

動画の中で、ある小学校教諭は、「教室に入ったときに、さわやかな空気が入るように換気」をしたり、「何の活動があるのかっていうのを、子どもたちにわかりやすいように、視覚的に黒板に表したり、今日1日の時間割を貼ったりする活動をしています」と回答している。別の小学校教諭は、「当番の子たちといっしょに、朝の挨拶活動」を行うことが大事な教育活動の一つであると述べている。

いずれにおいても、子どもが登校するまでの間に何らかの作業を行っていることが、所与の前提とされている。これは、東京都に限らない。全国の学校で、子どもの登校完了前に、教員の業務は始まっている。

学校における子どもの生活は、朝と夕刻における教員の定時外の業務が前提となって、組まれている。本来であれば、始業時刻→子どもを迎え入れるための準備→子どもが登校→授業等の業務→子どもが下校→各種業務→終業時刻という流れ、すなわち、教員の始業から終業までの中に子どもの学校滞在時間が設けられるべきである（図2－3）。

ところが現在は、その逆で、子どもの登校開始（一人目が学校に到着する）から下校完了（最後の一人が学校を出る）までの中に、教員の始業・終業時刻が設けられている。根本からして、時間設定がまちがっている。

改正給特法の下での新たな時間管理と「見えない残業時間」

子どもの学校滞在時間の課題は、２０１９年１月の中央教育審議会答申「新しい時代の教育に向けた持続可能な学校指導・運営体制の構築のための学校における働き方改革に関する総合的な方策について」においても、随所で指摘されている。

たとえば、「登下校時間をはじめ各学校における活動時間の設定も、必ずしも教職員の所定の勤務時間を意識したものになっていなかった」（12ページ）、「学校における教師の勤務時間と児童生徒の活動時間は表裏一体の関係にある。登下校時刻の設定や部活動（中略）教職員の勤務時間を考慮した時間設定を行う必要がある」（20ページ）との記述がある。

答申では、上記の課題を含めて、勤務時間の管理こそが最重要事項として示された。答申本文の14ページに整理された5つの課題の一つ目に「勤務時間管理の徹底と勤務時間・健康管理を意識した働き方の促進」が掲げられ、「今回の学校における働き方改革を進めるに当たり、学校現場においてはまずもって勤務時間管理の徹底を図ることが必要である」と主張されている。

答申に合わせて、文部科学省は「公立学校の教師の勤務時間の上限に関するガイドライン」を策定した。文部科学省のウェブサイトに公開されている「公立学校の教師の勤務時間の上限に関するガイドラインの運用に係るQ＆A」では、「『超勤四項目』以外の業務も含めて、しっかりと勤務時間管理を行うことが、学校における働き方改革を進めるために不可欠」であることから、「『超勤四項目』以外の業務のための時間についても『在校等時間』として勤務時間管理の対象にすること」として、従来の「教員の自発的行為」との解釈を変更させた。

公立校では2020年4月から改正給特法の下で「在校等時間」の概念による勤務時間管理が始まった。定時外の勤務は1か月で45時間以内、1年間で360時間以内などの上限規定が設けられている。上限規定は労働基準法の下で働く民間の労働者の基準にならったものである。ただし、定時を超えて業務を遂行したとしても、それは労働基準法上の時間外労働、すなわち割増賃金（残業代）支払いの対象とはみなされない。

在校等時間による時間管理が始まったとは言うものの、在校等時間の範疇《はんちゅう》から除外されてしまう業務がある（図2－4）。

一つが、自宅等で行う持ち帰り仕事である。これは、学校の業務は学校内で終えることが原則であることから、もともと在校等時間の概念に含まれていない。平日の帰宅後あるいは土日に、まったく管理されない形で学校の業務に従事している可能性がある。

もう一つが、休憩時間中の業務である。文部科学省の定めでは、「『在校等時間』には、実際に休憩した分の時間を含まない」（「公立学校の教育職員の業務量の適切な管理その他教育職員の服務を監督する教育委員会が教育職員の健康及び福祉の確保を図るために講ず

図 2-4 「在校等時間」の管理における「見えない残業時間」

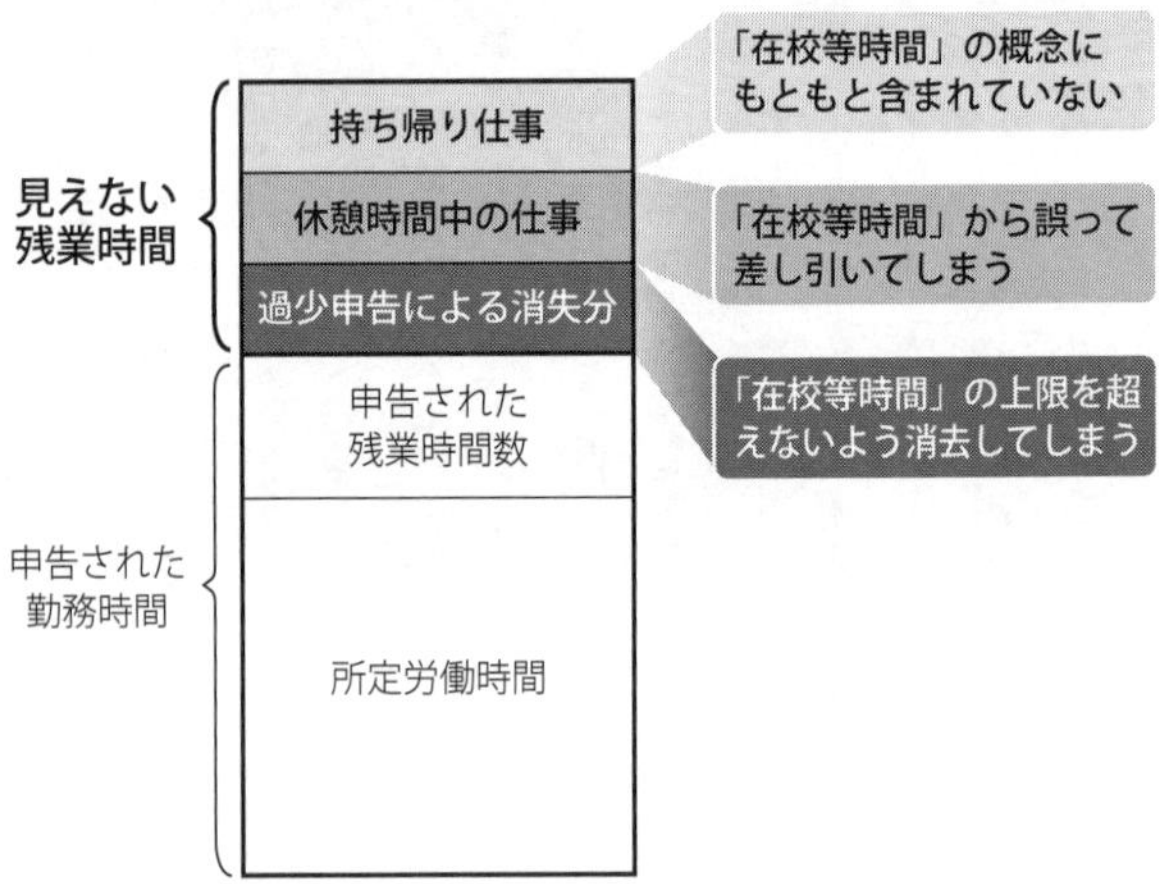

べき措置に関する指針に係るQ&A（令和3年6月時点）」）、すなわち、所定の休憩時間であっても業務に従事した場合にはそれを在校等時間としてカウントする。ところが、45分の休憩時間全体が、誤って、在校等時間から丸ごと差し引かれるケースが報告されている。明白な教育活動にたずさわっていながらも、時間数としてカウントされていない可能性がある。

　また右記に関連する根本的な問題として、これまで長らく時間管理が希薄であったことにより、時間管理が始まったとしても、あるいは時間管理にともなって上限規制が適用されるがゆえにこそ、定時外の仕事をはじめとするさまざまな業務が、正式には記録・申告されない可能性が生じうる。みずから過少申告したり、管理職が教員にそのように依頼したりすることさえ想定される。

以上、①持ち帰り仕事の時間数、②休憩時間中に働いた時間、③過少申告により削られた時間が、改正給特法の下で新たに開始された「在校等時間」の管理において生じうる「見えない残業時間」である。

「見えない残業時間」の実態

残業時間が見えなくなることを危惧して、私は2021年11月に共同研究のプロジェクトとして、「学校の業務に関する調査」をウェブ調査により実施した。調査対象者は公立小中学校の教員で、株式会社マクロミルのモニターを利用した。性別と年齢層については母集団と同じ構成比で回答者数を割り当てて、全体で小学校教員466人、中学校教員458人から回答を得た。回答者は、フルタイム（正規採用ならびに常勤講師）で年齢が20代～50代の教諭・指導教諭・主幹教諭に限定している。

調査時期は、全国的に新型コロナウイルス感染症の新規感染者数が低水準で推移していた２０２１年11月20日（土）〜28日（日）の９日間に定めた。うち５日間が土日・祝日であり、教員が比較的回答しやすいよう設計した。

労働時間に関する質問は、２０２１年11月第２週（11月８〜14日）を指定し、回答を求めた。第２週が定期試験等特別な期間である場合は、前後の適当な通常業務の週を想定するよう指示した。なお11月８日（月）〜14日（日）は、全国的に新型コロナウイルス感染症の新規感染者数が低水準で推移していた時期である。11月14日（日）時点における全国の新たな感染者数は１２６人、７日間の平均は１７３人であった。[1]

①持ち帰り仕事の時間数

まず、学校内での勤務時間と自宅などへの持ち帰り仕事の時間数を、１日当たりの平均値で見てみよう（図２−５）。

平日の学校内での業務時間は、小学校が11時間９分、中学校が11時間35分で、持ち帰り仕事は、小学校が56分、中学校が50分であった。土日については、学校内での業務時間は、小学校が59分、中学校が２時間47分、持ち帰り仕事は、小学校が１時間21分、中学校が１時間28分であった。

図 2-5　平日または土日における１日当たりの学内勤務時間数と持ち帰り仕事時間数

学校種別	小学校				中学校			
平日／土日	平日		土日		平日		土日	
業務	学内	持ち帰り	学内	持ち帰り	学内	持ち帰り	学内	持ち帰り
文部科学省「教員勤務実態調査」[2016年]	11:31	0:29	1:07	1:08	11:52	0:20	3:22	1:10
本調査「学校の業務に関する調査」[2021年]	11:09	0:56	0:59	1:21	11:35	0:50	2:47	1:28
文部科学省「教員勤務実態調査」[2016年]から本調査[2021年]への変化(分)	-22	+27	-8	+13	-17	+30	-35	+18

学内の勤務時間数は、退勤時刻から出勤時刻を引いた値である。休憩を取った時間数は考慮していない。なお、文部科学省の「教員勤務実態調査」では、出勤・退勤時刻とは別に、「学内勤務時間」の数値（小学校は 11:15、中学校は 11:32）が公表されており、多くの報告書や報道等ではその数値が参照されている。他方で、先行する各種調査では、一般に出勤時刻と退勤時刻を用いて勤務時間数が算出されることが多いため、それら各種調査との比較可能性を担保するために、文部科学省の「教員勤務実態調査」についても、出勤・退勤時刻のほうを用いることとした。

参考までに、２０１６年の文部科学省による「教員勤務実態調査」の結果も記載した。「教員勤務実態調査」は、毎日勤務時間を記録する形式で、大変丁寧な調査である。私たちの調査は平日と土日それぞれの１日当たりの平均的な数値を回答してもらうのみである。そのため、２０１６年から２０２１年への変化としては読み込まないほうがよい。文部科学省は２０２２年度にも継続の調査を実施しており、また私たち自身も２０２５年度あたりに同じ質問を用いて継続の調査を予定している。

1　COVID-19 Data Repository by the Center for Systems Science and Engineering (CSSE) at Johns Hopkins University

学内の勤務時間数は、退勤時刻から出勤時刻を引いた値である。休憩を取った時間数は考慮していない。なお、文部科学省の「教員勤務実態調査」では、出勤・退勤時刻とは別に、「学内勤務時間」の数値（小学校は11時間15分、中学校は11時間32分）が公表されており、多くの報告書や報道等ではその数値が参照されている。他方で、先行する各種調査では、一般に出勤時刻と退勤時刻を用いて勤務時間数が算出されることが多いため、それら各種調査に合わせる形で本章では、文部科学省の「教員勤務実態調査」についても、出勤・退勤時刻のほうを用いることとした。

②休憩時間中に働いた時間

実質的な休憩時間の平均値は、小学校が9・4分、中学校が14・6分であった。休憩時間の内訳は、小学校と中学校のいずれも「0分」が約半数を占めている。所定の「45分」以上の休憩を取っているのは、小学校で5・6％、中学校で11・8％にとどまっている（図2－6）。

それ以上に深刻なのは、職場の正式な休憩時間帯を「知らない」が小学校で29・2％、中学校で26・6％にのぼった。そもそも休憩を取るべき時間帯さえ把握していない。これ

図2-6　平日の休憩時間

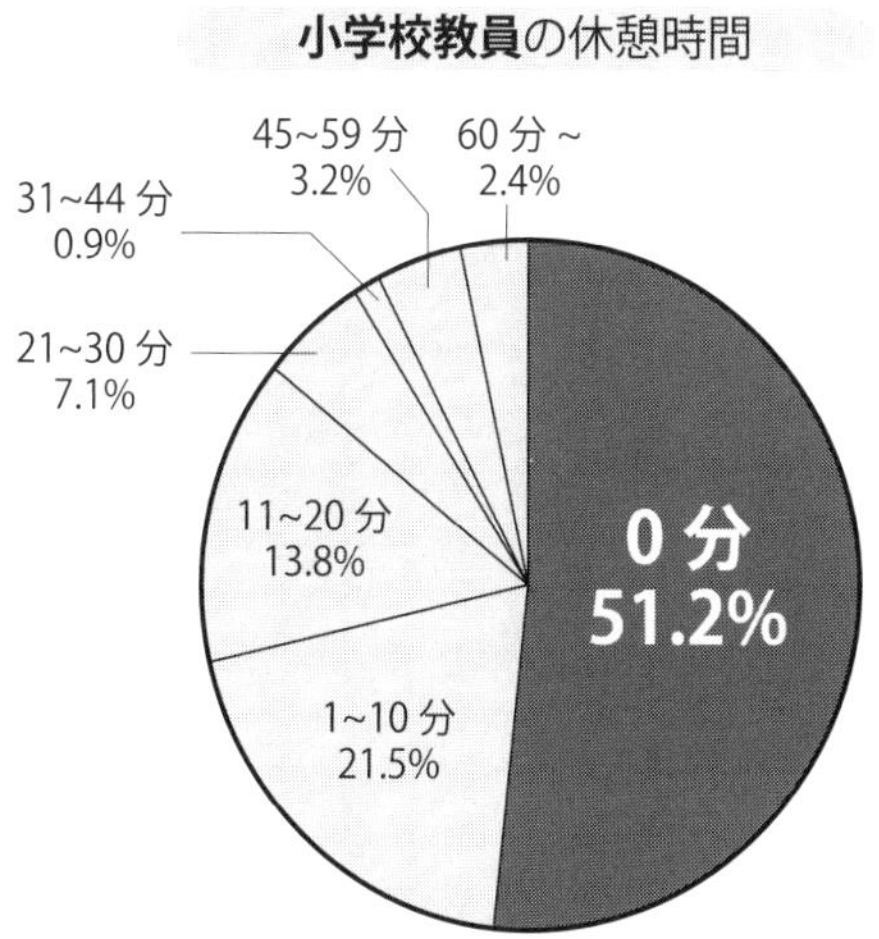
小学校教員の休憩時間
45~59分
3.2%
60分~
2.4%
31~44分
0.9%
21~30分
7.1%
11~20分
13.8%
0分
51.2%
1~10分
21.5%

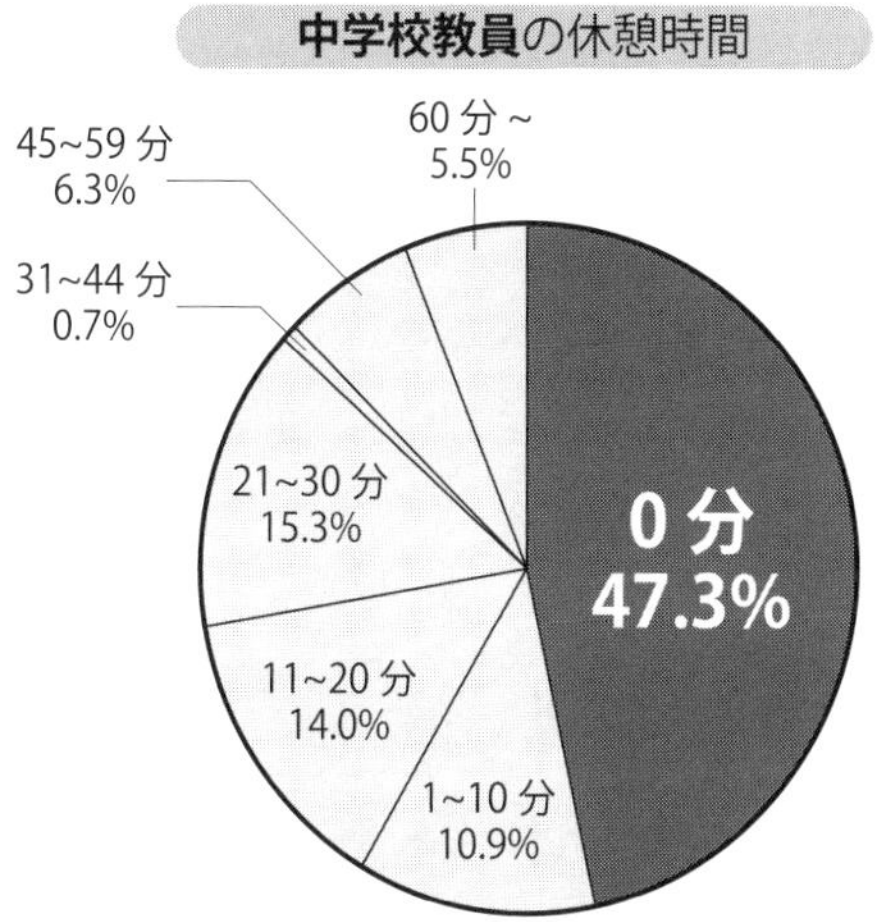
中学校教員の休憩時間
60分~
5.5%
45~59分
6.3%
31~44分
0.7%
21~30分
15.3%
0分
47.3%
11~20分
14.0%
1~10分
10.9%

では、休憩を取ろうにも、取ることはできない。

北海道教職員組合が発表した2021年の「9月勤務実態記録」（組合のウェブサイトに調査結果の詳細が掲載されている）によると、道内のアンケート調査の結果、学校単位で見ると、休憩時間中の業務を実際に把握しているのは、全体の36・3％にすぎず、残りの63・7％は把握していないという。

先の休憩時間の平均値（小学校が9・4分、中学校が14・6分）を、所定の「45分」から差し引いた値、すなわち小学校で35・6分、中学校で30・4分の労働が、在校等時間に反映されていない可能性がある。「休憩できない」以上に、それが「見えていない」ところに、問題の核心がある。

③過少申告により削られた時間

勤務時間の過少申告のプロセスには、大きく分けて二つの可能性がある。一つが、管理職から要請されるパターンである。もう一つが、みずから過少申告するパターンである。

管理職から要請されるパターンについては、「この2年ほどの間に、書類上の勤務時間数を少なく書き換えるように、求められたことがあるか」という質問を出した。その結果

図 2-7　過少申告を求められたことがあるか

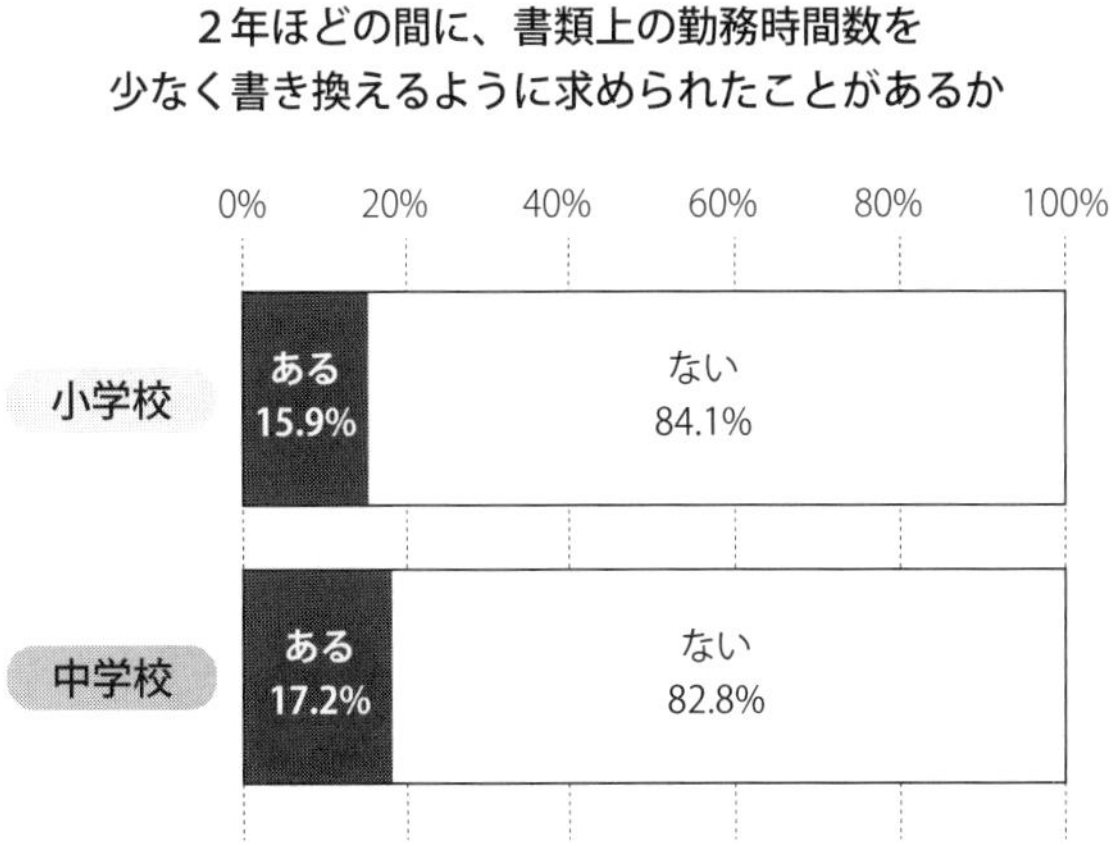

は、小学校教員の15・9%、中学校教員の17・2%が、そのように求められたことがあると回答している（図2－7）。

　また、みずから勤務時間を少なく報告するケースもある。管理職に忖度《そんたく》して過少申告することもあれば、長時間労働の者に要請される産業医との面談を回避するために過少申告することもある。

「勤務時間数を、正確に申告する予定か」との質問に対して、小学校の場合、平日の勤務時間については教員の12・2%が、土日の勤務時間については勤務した教員のうち43・0%が、中学校の場合、平日の勤務時間については教員の14・0%が、土日の勤務時間については勤務した教員のうち27・6%が、「い

図 2-8　平日／土日の勤務時間数を正確に申告する予定か

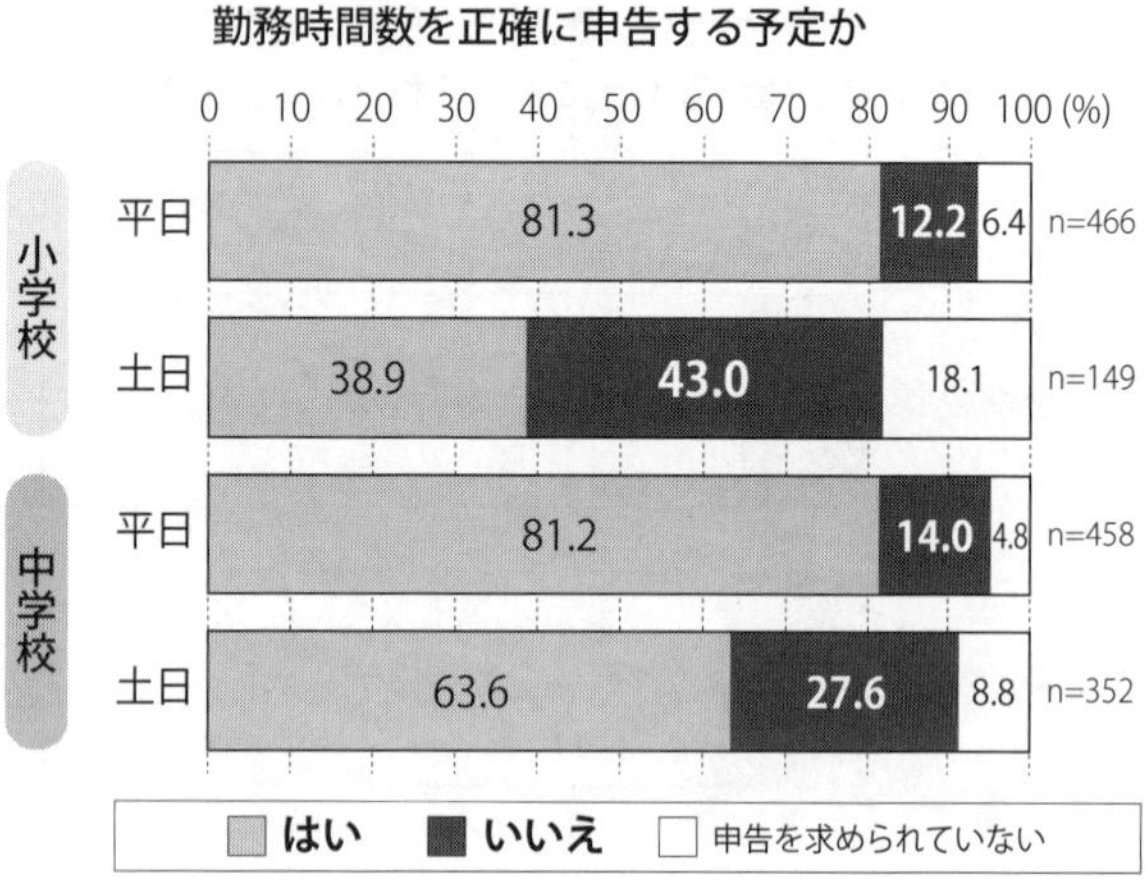

いえ」と回答している（図2－8）。小学校と中学校いずれにおいても、土日は正確に申告しない状況がしばしば起きている。

以上が、「見えない残業時間」の実態である。

在校等時間の概念により、勤務時間管理が始まったとはいえ、依然として学校内の勤務時間は長く、持ち帰り仕事も多い。休憩時間中も仕事に追われる。その一方で、積み重なった長時間労働の時間数は、必ずしも正確には申告されない。

こうした現況を受けて、民間企業の管理職の中には、「こんなことは、ありえない。なぜ、こうなってしまうのか」と、心から不思議そうな表情を浮かべる人もいる。時間管理の意識があまりにもゆるい学校を見れば、そう感じるのも当然だろう。

ただ、よくよく考えてみれば、少なくとも半世紀にわたって、学校では時間意識もコスト意識も欠落したままに、日常の勤務が続いてきた。民間企業とは、働き方の意識とその蓄積が、決定的に異なっている。それをふまえると、むしろこれからようやくスタートなのだろう。半世紀のツケを返す道のりは長い。

第3章

教育現場から訴える学校改善の方策

西村祐二

「給特法のこれからを考える有志の会」のオンライン署名

2022年4月、私（西村祐二）は本書の共著者である内田良さん、小室淑恵さん、そして室橋祐貴さんらとともに「給特法のこれからを考える有志の会」として、オンライン署名を始めた。なぜこのタイミングで立ち上がったのかと言うと、第1章の最後に記した通り、2022年度の文部科学省（以下、文科省）「教員勤務実態調査」の結果を見て、給特法に関する議論を再度行うと約束されていたからである。

署名は開始から1週間で3万2000筆、1か月で4万筆と、稀に見る早さで集まった。折しも文科省が初めて「教員不足」の実態調査を行い、2021年4月時点で全国2558名の教師が不足した状態であったことが報道されたばかりであり、「この法律のままだと本当に教師のなり手がいなくなるのではないか」という不安が後押ししたように思われた。

およそ1年後の2023年3月16日に文科省に署名を提出したときには8万345筆と、10年の歴史を持つ署名サイトChange.orgの日本語版で行われた教育系署名として過去最多となった（２０２３年４月末時点で、署名は第二次提出に向けて継続中）。

以下は、署名サイトに掲載した私の文章である。


「教員５０００人が休職！　子どもにも影響が……。月１００時間もの残業を放置する『定額働かせ放題』＝給特法は抜本改善して下さい！　#教師のバトン」

（Change.org、２０２２年４月28日）


私は、現職教員です。数年前から、教え子が教師を目指すのをためらうようになりました。

実際に、公立教員の倍率は下がる一方です。今年（２０２２年）４月には「教員不足」から、教員免許を持っていなくても教壇に立てる制度を積極活用するよう国が緊急通知を出すほどになりました。

なぜ若者が教職を敬遠するのでしょうか。それは教職に魅力がないからではなく、「過酷な労働環境」が知れわたったからです。本当は教師になりたいのに、「ブラック企業」には勤められないと夢を諦める若者たち……。悔しくてたまりません。

今や子どもからも、「先生の残業時間を少なくしてほしい」という声が上がるほどです。数年前から問題になっているにもかかわらず、なぜ教員の労働環境は一向に改善されないのでしょうか。そこには、ある法律が大きく関わっています。

公立学校では、平均残業時間が過労死ラインを超える一方、残業代は支払われません。それは1971年に制定された《給特法》という法律が、公立教員の残業を「自発的勤務」、すなわち「教師が好きで勝手に働いた扱い」としてしまうからです。この法律は、1966年の残業時間が月8時間程度であったことから、月給の4％を支払う代わりに「残業を労働と認めない」「残業代は支払わない」と定めました。

しかし今や残業は10倍にもなり、そのほとんどは好きでやっているわけではない、「せざるを得ない残業」なのです。こうした残業を「自発的勤務」とする給特法は、近年「4％定額働かせ放題」「やりがい搾取」と揶揄されるようにもなりました。

裁判にでもなれば、校長は給特法を盾に「残業は私が命じたものではない」と主張します。このように公立学校では、残業の責任者が不在となっているのです。過労死でさえも「好きで働きすぎて亡くなった」とされかねません。

また、仕事を増やしても追加財源は必要ないですから、膨大な仕事量に見合った「人手」がいつまで経っても配置されないのです。

この法律の下で、本当に働き方改革が進むのでしょうか。給特法の見直しは、現に発生している残業をきちんと残業と認めて、管理側の意識を変えるためにこそ必要です。

国は2019年に給特法について一度審議しましたが、「月45時間・年360時間の残業上限を設定する（ただし罰則なし）」や、管理権限を強化する「一年単位の変形労働時間制を導入する」にとどまりました。残業を自発的とする給特法の根本問題には全く手をつけず、この問題は「2022年度以降に議論」と先送りされたのです。

今年度（2022年度）、国による教員勤務実態調査が行われますが、前回（2016年度）から大きく変わらないような結果が示された場合、いよいよ給特法の抜本見直しを行わなくてはなりません。結局、給特法の根本問題を改めない限り、「過酷な労働環境」は劇的には改善されないのです。

公立教員も労働者です。すでに立法事実の失われた給特法という特別措置法は大幅に見直し、他の職業と同じように、労働基準法を適用して下さい。

「一日8時間労働が守られる」

「やむを得ずそれを超えた場合は、残業代等が支払われる」

「残業上限は絶対に超えない。超えた場合は管理職が罰せられる」

こういったことを公立教員にも適用してもらいたいという事です。国立大附属教員・私立教員はすでに給特法の対象外で、労基法が全面適用されています。公立教員も給特法なしの運用が不可能であるはずがありません。

政治家や官僚の皆さん。公立学校の理不尽な残業をなくす手立てを講じないと、教員採用倍率はさらに低下し、教師は「誰でもなれる職業」となってしまいます。それは、教育を受ける子どもたちを不幸にし、ひいては社会全体の不利益につながります。今ここで改善に向けて大きく舵を切ってもらいたい。そのための議論をして頂きたいと、教育現場から切に願います。

教育は国家百年の計です。子どもや孫世代に安定した日本を引き継いでいくため……この署名を読んで下さった皆さん、どうか、署名への賛同をお願い致します。


【署名の呼びかけ人】

宇恵野珠美（教員志望学生）・内田良（名古屋大学教授）・乙武洋匡（作家／元教員）・小室淑恵（株式会社ワーク・ライフバランス代表取締役社長）・嶋﨑量（弁護士）・嶋田富士男（教

員長時間労働の被害者家族）・西村祐二（現職教員／筆名 斉藤ひでみ）・室橋祐貴（日本若者協議会代表理事）

署名URLはhttps://www.change.org/kyoushi-no-baton

2022年、「給特法の見直し議論」が始まった

2022年10月、このときまでに集まった約6万5000筆を自由民主党に提出、それを皮切りに各政党へ提出に回った。

自民党文部科学部会長の中村裕之衆議院議員は、「教職員の長時間労働は廃止しなければならないし、教職調整額はあまりにもインセンティブとしては足りないと思っている（中略）私自身は教職調整額を大幅に引き上げる必要があると思っている」と述べた（教育新聞、2022年10月27日）。

しかし現在支給されている4％の教職調整額を、例えば倍の8％にしたところで、結局は「定額働かせ放題」のままであり、「長時間労働を廃止」する方向には向かわない。給

特法自体を廃止もしくは廃止に近い形で改正し、残業時間に応じた対価を支払うことで、確実に残業が減っていくような法体系に改めるべきではないかと考える。

自民党はその後、11月16日に給特法等について話し合う「令和の教育人材確保に関する特命委員会」を立ち上げ、元文科大臣の萩生田光一政調会長が委員長を務めることとなった。萩生田委員長は「教師の給与体系は昭和の時代に作った制度であり（中略）今ではその優遇策は相殺どころかへこんでしまって、最も大変な職業の一つに数えられるようになってしまった。志願者も減っているし、現場としての教師不足という問題もある」との問題意識を述べた。その上で、「これからの教師像はどうあるべきか、適切な人数はどうあるべきか、適切な給与体系はどうあるべきか（中略）整理をしようということにさせていただいた」と会の趣旨を説明した（教育新聞、2022年11月16日）。

一方、11月15日に署名を提出した立憲民主党は、その場で給特法廃止の必要性に触れた。複数の議員から発言があったが、私立高校元校長である荒井優《ゆたか》衆議院議員は、「どうして公立の先生たちは（給特法下の）この状況で働けるのか。国会議員になったことの一つの気持ちとして、給特法の廃止がある。国立大学法人（の附属学校）は給特法を廃止している。公立だってできるし、やるべきだと思っている」と述べるなど、党として教職調整額の増額案に対抗していく姿勢を鮮明にした（教育新聞、2022年11月15日）。

公立学校において給特法が続いてきたのは「超過勤務手当という制度は教員の方々にはなじまない」（衆議院文教委員会、1971年4月14日）とされたからであるが、私立学校は最初から、国立大附属学校は2004年から給特法の対象外であり、労基法が全面適用されている。なじむかなじまないかという主観的解釈はさておき、「教職も超過勤務手当の適用が可能である」ということは、私立や国立大附属学校の例を引けば一目瞭然である。

ほかにも国民民主党（11月10日）、日本共産党（11月17日）、公明党（11月29日）に署名を提出、その場で各党代表者らと懇談を行った（日本維新の会には翌年2月24日に提出）。政治家は「教員勤務実態調査」の結果を待たずして党の議論を開始しており、世論の熱に応えようとしている。

一方、文科省も22年12月20日に給特法見直し議論を整理する「質の高い教師の確保のための教職の魅力向上に向けた環境の在り方等に関する調査研究会」（以下、給特法調査研究会）を立ち上げた。翌23年1月16日に行われた第二回会合では、埼玉県戸田市教育長が、「メリハリある給与改善」として、残業代の支出よりも各種手当の増額の優先度が高いと述べた。氏は「給特法を廃止した場合には、管理職に残業の事前承認のための事務量が増えたり、訴訟等のトラブルを抱えるなど現場が混乱する。そうではなく、学級担任手当や情報教育主任手当など、各種手当の新設と管理職手当の増額を求める」との意見であった。

教育長の立場から、残業代支給に切り替えた場合に訴訟等のリスクを抱えると指摘したことはかくも重要である。裏返して言えば、給特法を維持して「教師が好きで残業した」という扱いを続ければ、管理側にとってリスクは小さいということである。

「給特法見直し」のパターン

これまで出てきた給特法見直し、もしくは処遇改善策を書き出すと、

①現在月給４％が支給されている教職調整額を増額する
②給特法を廃止（労基法第37条を回復）し、残業代を支給する
③給特法の枠組みを維持したまま担任手当等の各種手当を支給する

となる。①と③を合わせて行う選択肢もありうるだろう。

また右記以外に考えられるオプションとして、私が2019年の臨時国会で述べた「廃止に近い改正」もある。それは、授業準備といった特殊性の存する（教師の自発性や創造性を尊重して管理職から命令を行わない）業務を「限定」し、その業務には教職調整額を支給しつつ、その他すべての業務については残業代を支給するという方策である。

例えば授業準備に関しては、1時間の授業にどれだけの準備時間をかけるかはそれぞれの判断による、という意見もわからなくはない。逆に言うと、授業準備以外はそうした類のものではなく、学級経営も保護者対応も行事の準備も会議も、校務分掌と呼ばれる雑多な仕事も、勤務時間内に終えるという大前提のもとに行い、それを過ぎたら時間単位の対価が支払われて然るべきである。

この案は、給特法制定時の国会審議において社会党・公明党・共産党が出した共同提案と趣旨を同じくするものである（衆議院文教委員会、1971年4月28日）。当時、野党3党から「測定可能な時間外労働には残業代を」「教育の特性として測定不可能な時間外労働には定率の手当を」という内容の修正案が提出されていた（採決の結果、否決）。

私は残業を強く抑制するための方策として、給特法は「廃止」がベストだと考えている。

しかしそこまで急進的な改革に至れない場合、右記のような「廃止に近い改正」も次善の策と考える。授業準備以外の多岐にわたる「やらされ仕事」を含めて、何から何まで「教師が好きで残業した」とみなされるようになったことが現場を苦しめる元凶だと思うからである。例えば生徒の進学のための書類作成や保護者への連絡業務、望んだわけではない部活動顧問、学年会計の管理、学校ホームページの更新……こうした仕事を「教師が好きで残業した」と言われても、到底納得できるものではない。

いずれにせよ、「残業を抑制するための給特法の見直し」こそが同法の「抜本改善」であり、給特法の廃止の是非は置いておくとしても、せめて「定額働かせ放題と呼ばれる現状を改める」ことを与野党共通の課題と認識してもらいたい。引き続き、国の議論に期待するところである。

日本の学校の異常な業務量

前述の給特法調査研究会では、諸外国と比較した日本の学校の業務量の多さが示された。

国ごとの教員の業務の有無を○、△、×で示した「諸外国における教員の役割」（図3－1）を見ると、一番下にある「各国の○＋△の割合」が日本は92％と、2位の韓国・ドイツ（76％）を引き離して1位となっている。OECDが行った「国際教員指導環境調査（TALIS）」の2018年調査によると、日本の中学校教員の仕事時間は世界最長の56・0時間（週）で、OECD加盟国平均の38・8時間を大幅に上回っているが、それもこの表を見れば合点がいくばかりである。

日本は授業以外に生活指導・行事・給食指導・清掃活動等を含め、広範囲に児童生徒の教育をつかさどる「日本型学校教育」を標榜《ひょうぼう》し、日本と歴史的関わりの深い韓国もまた、同様の傾向を示している。こうした学校のあり方が業務割合を大きく増やしてしまうことは想像に難くない。一方で欧米諸国では、一般的に教師の仕事は授業とそれに付随する業務に限定・明確化される傾向にある（図3－2参照）。

私は、仮に日本の教師の残業が授業準備のみであったならば、給特法のままでも現場の不満を過度に増大させることはなかったと考えている。しかし学校には「これは果たして

図 3-1　諸外国における教員の役割

		日本	韓国	ドイツ	フランス（小）	フランス（中）	フィンランド	アメリカ	オーストラリア	イギリス	カナダ
A	登下校の時間の指導・見守り	△	×	×	×	×	×	×	△	×	×
	出欠確認	○	○	○	○	○	○	○	○	○	△
	欠席児童への連絡	○	○	○	×	×	○	×	×	×	△
	朝のホームルーム	○	○	×	×	×	○	×	○	○	○
	授業	○	○	○	○	○	○	○	○	○	○
	教材購入の発注・事務処理	△	×	×	×	×	×	×	×	×	×
	成績情報管理	○	○	○	×	○	○	○	○	×	○
	教材研究	○	○	○	○	○	○	○	○	○	○
	教材準備（印刷や物品の準備）	○	○	○	○	○	○	○	○	×	○
	課題ある児童の個別指導、補習指導	○	○	○	△	○	○	○	△	△	△
	体験活動	○	○	△	○	○	○	○	○	△	△
	体験活動の運営・準備	○	○	△	△	○	○	○	○	△	△
	試験問題の作成、採点、評価	○	○	○	○	○	○	○	○	○	○
	試験監督	○	○	○	○	○	○	○	○	○	○
	給食・昼食時間の食育	○	○	×	×	×	×	×	×	×	×
	休み時間の指導	△	○	○	×	×	○	○	○	×	×
	校内清掃指導	△	○	×	×	×	×	×	×	×	×
	運動会、文化祭などの運営・準備	○	○	○	×	×	○	○	×	○	×
	避難訓練、学校安全指導	○	○	○	△	△	○	○	○	○	○
	進路指導・相談	○	○	△	△	×	△	△	×	○	△
	健康・保健指導	△	○	○	×	○	×	×	△	×	×
	問題行動を起こした児童への指導	○	○	△	×	○	△	△	△	○	△
	カウンセリング、心理的なケア	△	○	△	△	○	△	×	×	×	△
	授業以外のクラブ活動・部活動	△	×	△	△	×	×	△	○	×	△
	児童会・生徒会指導	○	○	○	△	×	△	○	○	○	×
	教室環境の整理、備品管理	○	○	○	×	○	△	○	△	×	△
B	校内巡視、安全点検	△	×	△	×	×	×	×	×	×	×
	国や自治体の調査・統計への回答	△	△	△	×	×	×	×	×	×	△
	文書の受付・保管	△	×	△	×	×	×	×	×	×	△
	予算案の作成・執行	×	△	△	×	×	×	×	×	△	×
	施設管理・点検・修繕	×	×	×	×	×	×	×	×	×	×
	学校徴収金の徴収・管理	△	×	△	×	×	×	×	×	×	×
	教員の出張に関する書類の作成	×	○	△	×	×	×	×	×	×	△
	学校広報（ウェブサイト等）	○	×	○	×	×	×	×	×	×	△
	児童生徒の転入・転出関係事務	△	△	×	×	×	×	×	×	×	△
C	家庭訪問	○	△	△	×	×	×	×	×	×	×
	地域行事への協力	△	△	×	×	○	×	○	×	○	△
	地域のボランティアとの連絡調整	△	×	×	×	×	×	×	×	×	×
	各国の○＋△の割合	92%	76%	76%	37%	42%	53%	50%	50%	42%	63%

表中 A は「児童生徒の指導に関わる業務」、B は「学校の運営に関わる業務」、C は「外部対応に関わる業務」。

出所：PwC コンサルティング合同会社「令和 3 年度諸外国の教員給与及び学校における外部人材の活用等に関する調査報告書」（2022 年）をもとに作図

図 3-2　諸外国の教職員等指導体制類型

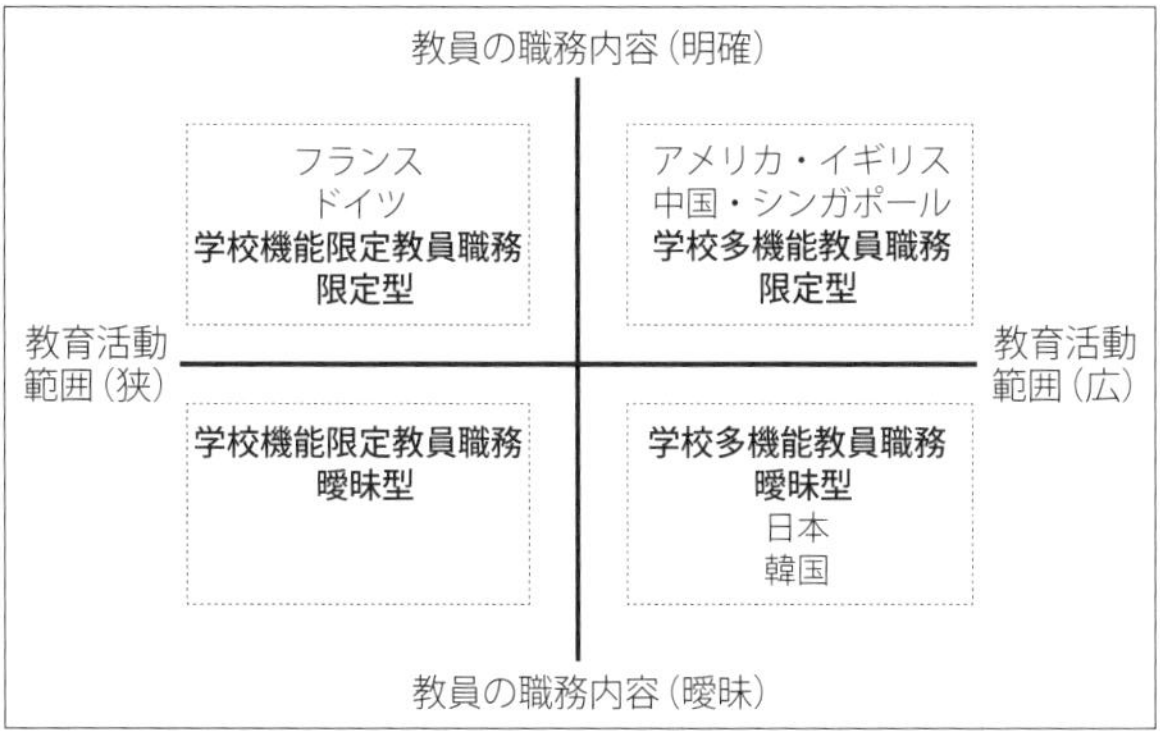

日本と韓国はともに「学校多機能教員職務曖昧型」に分類されている。

出所：国立教育政策研究所「学校組織全体の総合力を高める教職員配置とマネジメントに関する調査研究報告書」2017 年

教師の仕事なのだろうか」と感じる業務を含め、多大な「やらされ仕事」が生じており、それにもかかわらずそうしたすべての残業が「教師が好きで残業した」という扱いで処理されることに強い理不尽さを感じてしまう。

日本と指導体制が類似している韓国では、1日4時間・1か月57時間を上限に残業代が支給され、「残業申請して拒否されることはほぼない」とのことである（給特法調査研究会、2022年12月20日）。日本が教科指導以外の多岐にわたる業務を丸抱えする限り、日本において韓国のような超過勤務手当支給を求める声は止まないのではなかろうか。

もしくは今後も給特法を丸ごと維持し、残業代を支払わないというのであれば、「日本型学校教育」を手放し、欧米諸国のような授業に特化した教育専門職を目指してみてはいかがだろう。これは何も思いつきで言っているのではない。給特法の原案を提出した人事院の総裁が、1971年の国会審議において、給特法案によって「雑務の排除」を行い、「外国」に見られるような「授業時間が勤務時間とされているよう」な形に「将来の方向としては（中略）持っていくべきであろうと思う」と述べているのである（参議院文教委員会、1971年5月20日）。

成功を収めた韓国の働き方改革

韓国には、残業代支給以外にも日本が見習うべき点が多々ある。それは、数十年にわたる「学校における働き方改革」に「総力戦」で挑み、これを成功させた歴史である。

前述したOECDの「国際教員指導環境調査」によると、韓国の中学校教員の1週間の平均仕事時間は34・0時間で、OECD加盟国平均を下回っている（すでに述べた通り、日本は加盟国最長の56・0時間）。そんな韓国の学校も、かつては長時間勤務が常であった。

例えば1980年代の調査によると、当時は土曜日が登校日であったという違いはあるものの、週当たりの労働時間は50時間以上。当時若手教員だったという校長はインタビューに、「先輩教員より先に帰ることは『気が引けること』だった」と述べたほどだった。

また1975年の調査では、中学校教員が感じる業務負担のうち、授業負担は32・6%、授業以外の教育活動の負担は32・9%、その他雑務の負担は34・5%で、教師が感じる負担感は授業以外が主だった（小学校教員も同様の傾向）。総じて、韓国もかつては日本と同じような職場環境にあったと言える。

それが主として1990年代の教育改革以降、長い時間をかけて、今のような「ほぼ定時」で帰る職場に生まれ変わったのである。それは一つではなく、いくつもの改革の合わせ技と言えるものだった。例えば、不要な公文書の徹底廃絶、全国一元化のシステムを取り入れた業務のデジタル化、規制緩和と学校裁量の拡大、週当たりの授業時間数の削減、教師や事務職員のマンパワー支援、管理職の意識改革等々。また社会全体で働き方改革を求める風潮があったことも大きく後押ししたという。

その結果、現在は若手教員がインタビューに「放課後や長期休暇に自分を磨かないと新しいことは教えられない」（世界を見て回ったり、何かを習ったりする時間があるということが実践にも役に立っている）と述べるほど、教育現場にゆとりが生まれることとなった。韓国において「学校の先生」は長らく憧れの職業第1位であるが、理由は安定した職業であることと、定時に帰ることができる職場環境等にあるという（田中光晴「韓国における『働き方改革』」「季刊教育法」第198号、エイデル研究所、2018年）。

業務のデジタル化は日本でも日進月歩で進みつつあるが、徹底した人的支援や国からの押し付け業務の廃止、そして社会全体の働き方改革と歩みをともにすることなど、日本が学ぶべき点は多々ある。改めて、給特法という社会全体の働き方改革から公立学校を切り離す「特殊扱い」を廃止したり、過去20年間増え続ける一方だった学習指導要領について次回改訂の際にはいかにそれを減らすかなど、多様な視点が必要であろう。

そして教職が「定時で帰れる」職業になれば、韓国がそうであるように、日本においても再び憧れの職業となるはずである。官製ハッシュタグを用いた魅力アピールなどせずとも、ただ本気で残業を減らすべく努力を続ければよいのだ。

有志の会の「国への要望書」

「給特法のこれからを考える有志の会」（以下、有志の会）も、給特法の抜本改善のみを訴えているわけではない。それを含め、より多岐にわたる学校業務改善策を要望書にまとめ、各政党や文科省へ提出しているところである。主なものを並べても、以下のような具合である。

【給特法の抜本改善と働き方改革に関する提言】

・残業を労働と認め、使用者側（校長および教育委員会）に厳格な労働時間管理を義務付ける

・残業代を支給する

・時間外労働に使用者側への罰則付き上限規制を導入する

・休憩時間の確保を使用者側の責任で達成する

・持ち帰り残業も労働時間と認め、持ち帰り残業ゼロを使用者側の責任で達成する

・勤務終了から次の勤務開始まで必ず一定時間を空ける「勤務間インターバル」を導入する
・中学校以外も含めて平日と休日の部活動完全地域移行を達成する
・児童生徒の生活全般を学校に頼る「学校依存社会」から脱却する
・授業準備時間を勤務時間内に確保する
・管理職評価に「残業削減」を追加する
・労働基準監督署に準ずる強い労働監督権限を持った機関を公立学校にも介入させる
・右記のように「残業への確実な歯止め」をかけた上で、教職員や専門スタッフを増員する

これを見て、教師以外の読者の方はどう思われるだろうか。「学校は社会全体の働き方改革よりも随分と遅れている」という印象を持つかもしれないし、「自分の職場も同じで、残業代などあってないようなものだ」と思うかもしれない。

しかしここで強調しておきたいのは、学校も変わるべきだし、世の中全体も変わるべきだということである。教師を含めて誰一人「定額働かせ放題」の使い捨てが許されていいわけがない、そうした思いで有志の会は動いている。

また署名の中には、今後の給特法議論のために必要不可欠な「3つの視点」を明記して

いる。それは、①それで仕事は減るのか、②それで過労死はなくなるのか、③それで若者は集まるのか、である。

日本社会の働き方改革を強力に促したのは、2015年のクリスマスに電通社員だった高橋まつりさんが過労自死した出来事だった。高橋まつりさんは当時、入社からわずか9か月の新入社員であり、「なぜ前途ある若い命が」と社会全体で働き方を見直す契機となった。有志の会が行う署名には、高橋まつりさんの母である高橋幸美さんや、その他何人もの過労死遺族の方が賛同人として連名してくださっている。私たちの訴えは一にも二にも、残業削減および、これ以上誰も理不尽に命を奪われない職場を作ることであり、残業代というお金のためではなく、命のための給特法の抜本改善なのである。

仮に教職調整額や各種手当を増やしたところで、それで仕事が減るわけではない。また月45時間・年360時間の残業上限を設けても、それを超過したときに誰も責任を負うことがなければ、そんな上限設定に効力はない。そうではなく、残業時間ごとの対価（使用者側へのペナルティ）と、残業を命じた側の責任を明確にすることが、働き手の命を守るために最も重要なことである。

そして、若者にとって再び魅力ある職場と映るように、学校現場を改める。そのために有志の会が目指すのは、「残業には当然残業代が支払われますが、そもそも残業はほとんどありません」という「絵に描いたようなホワイト職場」である。

夢物語に感じられるだろうか？

いや、隣国の韓国の教師たちは、まさに「残業には当然残業代が支払われますが、そもそも残業はほとんどありません」という職場環境を数十年かけて作り上げたではないか。

私たちにも、やれないことはない。

給特法を変えることは人を増やすこと

「結局、給特法を変えるということは、人を増やすということなんですよ」

元中学校教師であり、現在NPO法人「共育の杜《もり》」理事長として教師の長時間勤務解消に尽力する藤川伸治さんは、「これまで給特法が邪魔をして、教師や事務職員というマンパワーが増やされなかった」と主張する。この言葉が意味するところを図3－3をもとに解説する。

図 3-3　給特法がある場合とない場合の業務量に対する考え方の違い

給特法がある場合

●残業の上限は実質なし。残業代も不要
●一人当たり労働時間に歯止めがかからない
→人はほとんど増やされない

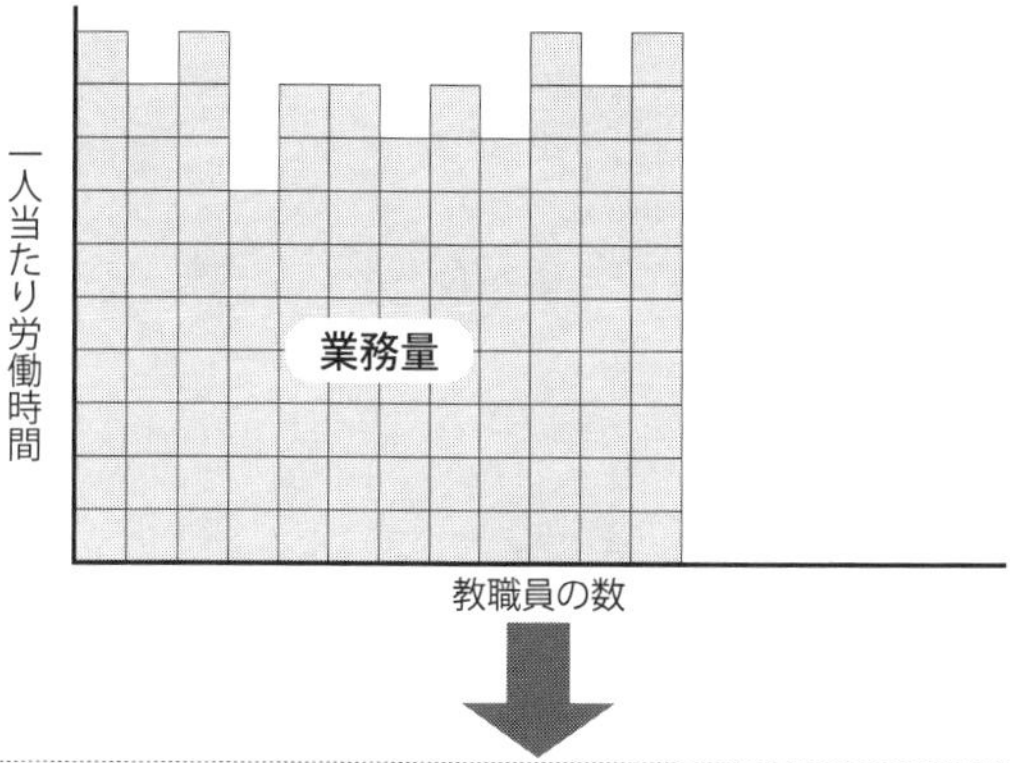

給特法がない場合

●残業上限を超えたら管理職の責任。残業には残業代が発生
●一人当たり労働時間に「天井」が設定される
→業務量に見合った人手をつけるか、業務を減らすか

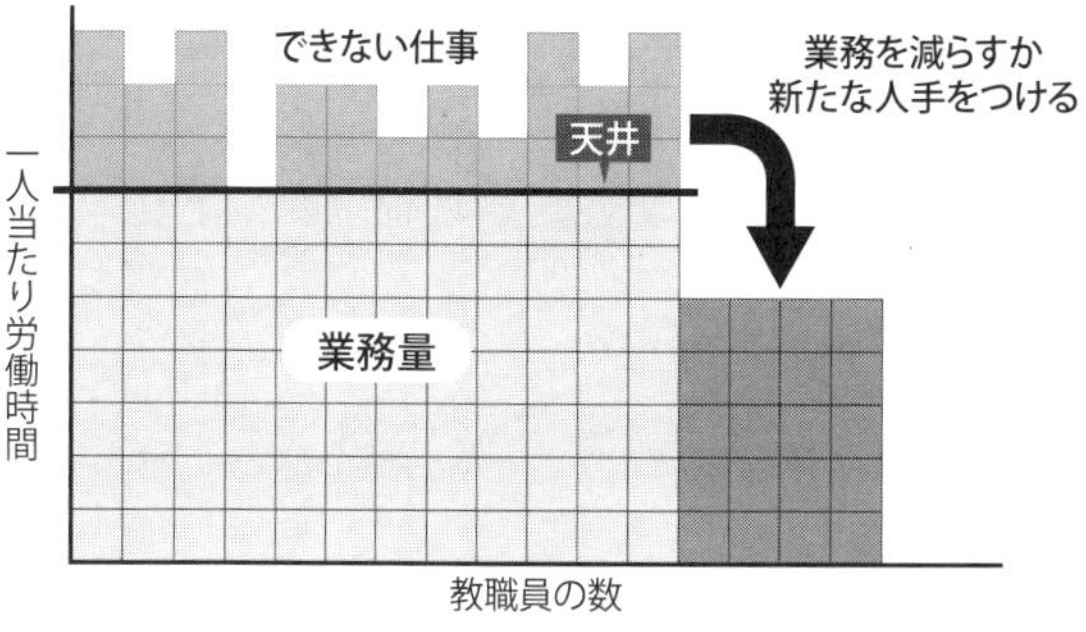

出所：藤川伸治さんの話をもとに筆者（西村）が作図

図3－3上部の「給特法がある場合」は、一人当たり労働時間に歯止めがない状態である。責任者不在の残業上限にほとんど効力はないし、残業代というコスト制限もかからないからだ。そうなると、一人が11時間も12時間も働かされることになり、総業務量に見合った人手はいつまで経っても配置されない。

仮に教職員定数が増えても、給特法が今のままで残業への歯止めがないと、業務量が増えるだけで、一人当たり労働時間はさほど変わらなかったということも起こりうる。人が増えても、結局は「子どものためにギリギリまで頑張ってくださいよ」と求められてしまうのである。

一方、給特法をなくすということは、一人当たり労働時間にシーリング（天井）を設けるということである。残業は管理職が命じたものという当たり前の前提を獲得すれば、残業の上限設定もこれまで以上のプレッシャーとして管理職にのしかかる。また残業代は無尽蔵に準備されるものではなく、公務員の残業には厳しい予算制限がかかってくるので、コスト面からも厚いシーリングが設けられる。「ギリギリまで頑張ってよと言われても、残業上限は超えられないし、予算がないのでどうしようもないよ」という発想になるのである。

そうなって初めて、「定時で帰る」工夫をする教師が労働生産性の高い働き手として評価されるようになる。今は定時で帰っても残業代なし、12時間働いても残業代なしであるから、「どれだけ長く働いてくれたか」が教員評価を左右し、「定時で帰ること」は決して評価されない。残業代が発生するようになれば、「同じ仕事を定時でこなすほうが優秀」となる流れは必定だろう。

話が少し逸《そ》れてしまったが、給特法がなくなれば、一人ひとりが抱えきれない業務は断腸の思いで削るか、新たに人手を獲得するしかないという必要に迫られる。これが、「給特法を変えることは人を増やすこと」の意味である。

とは言っても、教師を増やすための予算を獲得するのはやはり容易ではないことから、給特法を抜本改善した暁には、これまでにない勢いで業務の棚卸しが促されることになるだろう。

私はかつて、働き方改革を推進したいという校長から「給特法のままだと（残業が校長の命令によるものとして扱われないので）、教師に『帰れ』も『帰るな』も言えない辛さがある」と打ち明けられたことがある。給特法は、本気で残業を減らそうという意識を持った校長にとっても、重い足枷《あしかせ》となっているのである。

優先度の低い業務は徹底して削る。一方で、子どものために本当に必要な業務については、お金を出してちゃんと人手を確保する。給特法を抜本的に見直すというのは、そういうことなのである。

給特法成立の歴史～1960年代の教師たち

給特法制定前の法的状況に戻れば、学校のブラック残業は雲散霧消する。そう述べられたら綺麗にまとまるのであるが、実はそう簡単には終われない。「給特法ができる前から日本の教師は滅私奉公を余儀なくされていた」という不都合な真実がある。

以下に、給特法制定までの歴史を簡単に振り返る。

戦後まもない1947年3月に労働基準法が成立し、これが公立教員にも原則適用されることとなった。しかし、1948年5月の「政府職員の新給与実施に関する法律」において、教師は一般公務員よりも約1割高い給料を得るが、同時に「超過勤務手当は支給しない」方針が示される。「給料を上げる代わりに残業代は支給しない」というのは4％の教職調整額を想起させる。

さらに、当時の文部省は1949年2月の通達で次のように指示した。

「教育の特殊性にかんがみ教員の勤務については（中略）勤務時間に拘束するときは、かえって教育の能率低下をきたす虞ある場合も多いと考えられるので、特に教員の勤務時間について文部省告示を制定した（中略）原則として超過勤務は命じないこと」

（文部省「教員の勤務時間について」1949年2月5日）

つまり教職は「特殊」であり、「超過勤務は命じない」「超過勤務手当は支給しない」「予め給料を上げる」という扱いが給特法制定前から国家意思として示されていたのだ。では、「超過勤務は命じない」から「残業は存在しない」のかと言うと、そうではなかった。前述の通り1966年の「教員勤務状況調査」において、「平均して月8時間程度の残業」が確認された。また実際には、その数字に収まらないような実態も報告されていた。

以下は1968年5月9日の衆議院文教委員会で紹介された、日本教職員組合「教育白書」（1965年）にある群馬県小学校教師の日記の内容である。

「十月のある日、午前八時に学校に着き午後六時帰宅した。午後八時半子供が就寝してから採点業務を行ない、午後十時半から一時間研修に費やし就寝をした（中略）一日のうち父親、家族としての時間があまりにも少ない。よき教師になるためにもよき父親になりたい（中略）きょうは集金がなかった、珍しい。学校の事務分担の仕事なかった、珍しい」

そこで報告されたのは、「教師の勤務量は文部省調査をはるかに超え、毎週12時間以上の超過勤務をしている実態」だった。「現行法上は超勤を命ずることができない定めになっていても、定員が十分配置されない、教師の本務が不明確で、もろもろの雑務が強要されているために教師は膨大な業務量をかかえて苦悩し、特に最近死亡者、休職者が漸次ふえている傾向にある」とも報告されている。今日の教師の話かと紛うような状況が、1960年代にすでに始まっていたのである。

また、今なお教育界で尊敬を集めている昭和のカリスマ国語教師・大村はまの著作には、1970年の講演記録として次のような記述がある。

「（筆者注：大村が新任教員だった1928年頃の学校は）放課後なんかすこしぐずぐずしていますと、『用が済んだんだろ、早く帰って勉強しろ。』なんて帰されてしまうといったような状態でした。今から思えば、夢のような話だとみなさんはお思いになるでしょう。遅くまでいるのが手柄になるかもしれないような今日の学校とは比較になりませんね」

（大村はま『教えるということ』共文社、1973年、12ページ。傍点は筆者）

この記録もまた給特法制定前（1970年）の話であるが、「超過勤務は命じない」とされていたにもかかわらず、積み上げられた業務量を前に残業せざるをえない。それどころか「遅くまでいるのが手柄になる」意識が職員室に蔓延《まんえん》していたことが読み取れる。

しかし、このような命令なき超過勤務が強いられる状況に対して、教職員組合は1960年代に全国各地で超過勤務訴訟を展開。その結果、司法は原告教師に「連戦連勝」の判断を下し続けた。つまり、給特法制定前において、学校現場の「命令なき超過勤務の強要」は違法と判断されていたのだった。

皮肉なことにそうした訴訟運動の結果、「超過勤務は命じない」「超過勤務手当は支給しない」「あらかじめ給料を上げる」運用を法的に裏支えする法案作成が始まった。そして右記訴訟に関する最高裁判決が下る直前、焦るようにして成立させたのが給特法である。給特法成立のその日（１９７１年5月24日）、超勤訴訟を主導し給特法案に抗った日本教職員組合は、次の声明を出した。

「このような無定量勤務の強制が現実のものとなれば、教師の生活と健康はますます害され、その人権はジュウリンされ、さらには教育活動を低下させ、学校教育そのものに深刻な結果をもたらすことは必定である」

（日本教職員組合編『日教組三十年史』労働教育センター、１９７７年、４３８ページ）

給特法制定の翌年（１９７２年）、法制定前の超勤訴訟に関わる最高裁判決が出された。それは原告教師の主張をほぼ全面的に認め、「教師の残業にも超過勤務手当を支払うこと」という原告勝訴の判決だった。しかしこのような判決は、以後は夢幻《ゆめまぼろし》と消えることとなる。

その後の歴史的展開は、「聖職のゆくえ」で描かれた通りである（本書31ページ参照）。残業時間は水面下で増え続けた。１９８０年代からは給特法の下で再び教員超勤訴訟が行われるが（愛知県立松蔭《しょういん》高校事件等）、今度は一転して原告教師側の「連戦連敗」。

このようにして、学校における「命令なき超過勤務の強要」は合法となったのである。

学校の「働き方改革元年」は訪れるか

給特法制定前にも現在と同様の状況があり、「命令なき超過勤務の強要」に教師たちは抗い続けてきた。１９６０年代の裁判では教師側の勝訴が続いたが、給特法制定後に開始した裁判では、一転して教師側の敗訴が続く。給特法が教師のサービス残業を合法化してしまったのである。

こうした歴史から学ぶべきことは、給特法がなくならない限り「命令なき超過勤務の強要」も断罪されないということ。そして、給特法がなくなり法制定前の状況に戻ったとしても、それだけで問題が解決するわけではないということである。給特法がなくなった未来で改めて、労基法を武器に教師は闘い続ける必要がある。今はまだそのスタートラインを目指している段階である。

一方で、給特法を抜本改善しようなどというのは、「ミッションインポッシブル（不可能な任務)」でもある。なぜなら、給特法は労働者を使い倒しても裁判で負けることがない、使用者側にとっての「無敵の盾」であるからだ。普通に考えれば、使用者側にいる校長、教育委員会、そして文科省が首を縦に振るわけがないだろう。

まだまだ、光明は見えない。しかしこの数年、変化の兆しもある。

それは、世論の後押しである。

２０１９年７月21日深夜、日本テレビの報道番組「ｎｅｗｓ ｚｅｒｏ」で次のような出来事があった。

ある小学校では先生が一人辞めたことでトイレにも行けないレベルの深刻な教員不足となり、「午前7時半ぐらいに来て午後8時ぐらいまでは毎日残っている」「授業の時数が増えてやることがすごく増えた」(中略)別の中学校では先生2人が産休と病欠で休んでいるため、「2年生の国語の授業ができない」「毎日だいたい12時間ぐらい学校にいる」「そもそも先生方のなり手が少ない」といった、教師たちの学校現場からの〝悲鳴〟が取り上げられた。(中略)スタジオにも現役教師がコメンテーターとして出演(中略)留守番電話等を活用して勤務時間外の対応をなるべくやめ、18時以降は電話に出なかったりしている、など教師の負担を減らす対応策について言及した。

（ＴＨＥ ＰＡＧＥ「若槻千夏、教師と時間外対応で激論〝モンペ発言〟と批判で謝罪」２０１9年7月22日、傍点は筆者）

それに対し、コメンテーターだったタレントの若槻千夏さんは次のように述べた。「何かあったらどうするのか。18時以降対応しないで、もし子どもが帰ってこなかったらどうする」「『ごくせん』観て育ったでしょ、みんな『金八先生』観たでしょ」。

２０１８年以前であれば、ともすれば、若槻さんの意見も世の共感を得たかもしれない。

しかし、事の顛末はこうである。

それを見ていた視聴者は、「帰ってこなかったら親が警察に相談して探すのが普通」「モンペ（モンスターペアレント）の特徴、何でもかんでも学校に求めすぎ」などとコメントを書き連ねた。ネット上は瞬く間に「炎上」。それを受け、若槻さんは翌朝ＳＮＳ上で謝罪コメントを発表する事態に追い込まれたのである。

教師と言えど一人の労働者であり、「時間に関係なく子どもたちに尽くす」姿はおかしいと、世論に変化が見え始めたのだ。

2019年は第1章の冒頭で述べたように、新任教員の息子を過労自死で亡くした嶋田富士男さんが裁判で勝訴した年である。この裁判は前述の通り、公立教員の長時間勤務による過労死事案で損害賠償を認めた全国初の画期的判決である。それは「残業代支払い」を求めた訴訟とは異なる種類の裁判であるが、こうした教師の「命」をめぐる訴えが少しずつ行政をも動かしつつある。

亡くなった中学校教師・嶋田友生さんが勤め、また教師の過酷な働き方をありのまま描いた「聖職のゆくえ」が制作された福井県では、2020年1月に県教育委員会が「時間外手当を支給できるよう、給特法を改正すること」を求める「働き方改革の推進に関する国への重点要望」を提出した。これもまた、以前は考えられなかった画期的な出来事であった。

教育委員会にとって、「教師が好きで働いた」と言い張れる給特法は責任を逃れるための「無敵の盾」であるにもかかわらず、このままだと「教育職員のモチベーション低下、そして教師を目指そうとする志願者数の減少につながり、教育の質の低下につながる」と判断されたのである（福井県教育委員会「福井県学校業務改善方針」、2020年3月改訂）。

今なお全国の職員室では、「聖職のゆくえ」のラストシーンのように、教師たちは文句

図3-4　残業の法的理解×年代別（p<0.01、**有意差あり**）

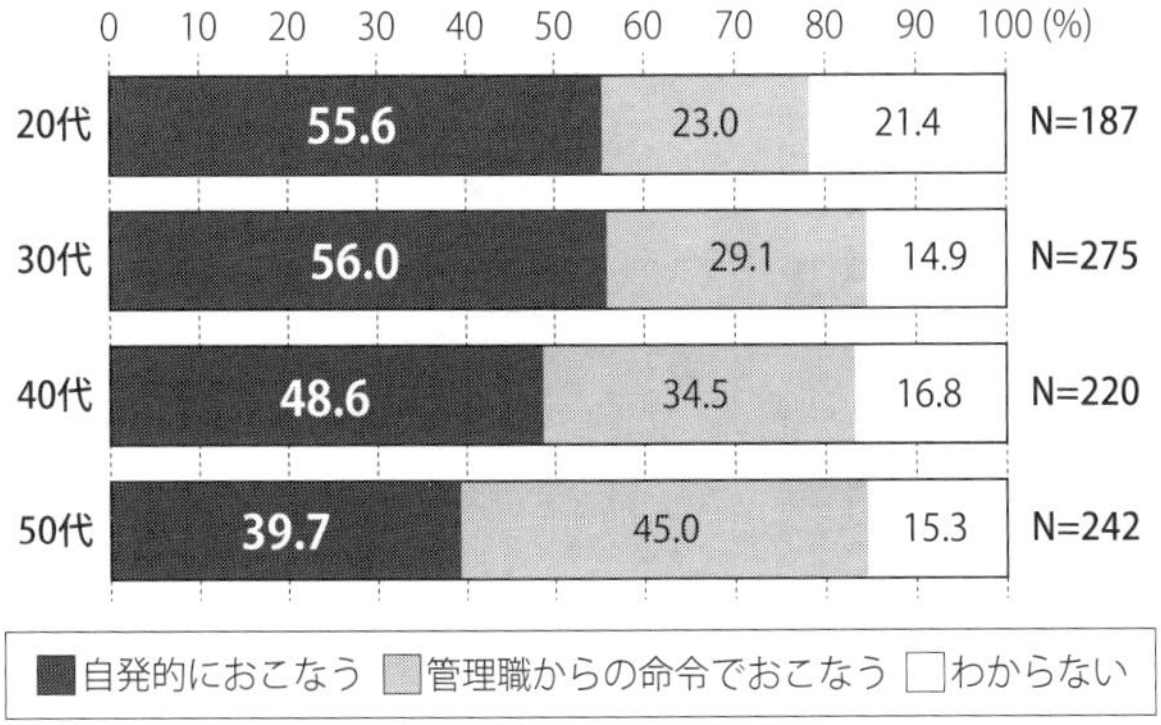

質問は「定時外の業務は、法律上基本的にどのような位置付けになっていると思いますか」。年代が若いほど、給特法の位置付けを正しく理解していた（N=924、小中学校教員）。

も言わず長時間勤務を受け入れ続けている。教師たちは、給特法の内容を知らないのだろうか。

「学校の業務に関する調査」によると、給特法の建て付けである「定時外の業務は法律上基本的に、自発的におこなう」という扱いを正しく理解している割合は、若手教員であればあるほど高く、20～30代では実に5割以上に上った（図3－4）。しかしより重要なことは、正しく答えた教師もそうでない教師も、勤務時間に有意差が見られなかったことである（図3－5）。つまり、定時外の仕事が「自発的」とされることを理解していようがいまいが、教師はその「自発的な残業」を拒否することもな

図 3-5　残業の法的理解 × 平日勤務時間（p>0.09、**有意差なし**）

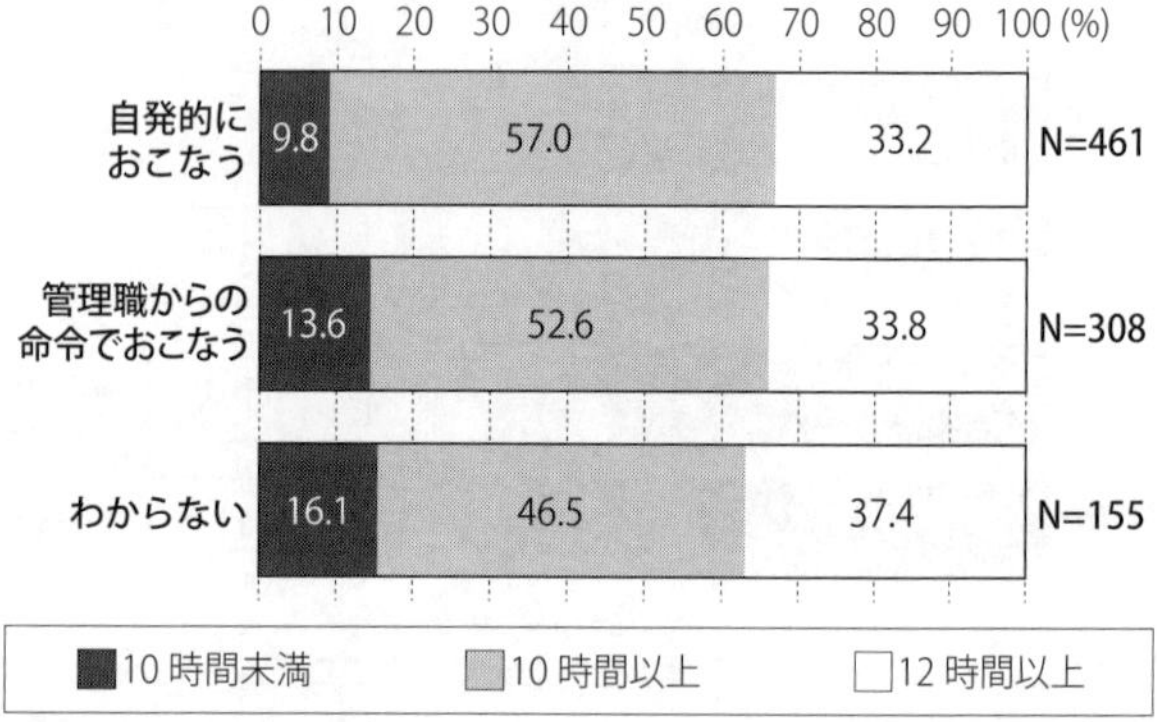

給特法の位置付けを理解していようがいまいが、平日勤務時間に有意差は見られなかった（N=924、小中学校教員）。また、小・中学校を別々に分析しても同様であった。

く、長時間勤務を粛々と受け入れているのである。

だからこそ教師は病んでいく。そして理不尽に耐えかねたとき、静かに文句も言わず、教育現場を去っていく。

そんな教師たちの声なき声に耳を傾けつつ、これ以上誰も不本意に辞めなくていい、これ以上誰も死ななくて済む、そして若者が安心して教職を志望できる法体系を作らなくてはならないというのが、一現場教師である私の思いである。

最後に、過労死遺族の嶋田富士男さんの言葉を紹介したい。

「学校が子どもに命の大切さを説く場であ

るなら、それを教える教師こそ、自分自身の健康と家族、周囲の同僚を思いやる心を培って頂きたいと思います。どうか、学校の現状を見つめてください。『給特法』に蝕まれた職場環境を自らの手で変えるという強い信念のもと、職場改革に取り組んで下さい」

給特法を廃止もしくは抜本的に改正し、学校も真の「働き方改革元年」を迎えなくてはならない。

※章末注：本章について、基本的には筆者（西村）個人の主張であるが、以下の二つの項については、「給特法のこれからを考える有志の会」としての主張である。

・「給特法のこれからを考える有志の会」のオンライン署名

・有志の会の「国への要望書」

コラム なぜ教員志望の学生は減少しているのか？

本書は各専門家らが教師不足、ひいては給特法の問題について考える一冊だが、当事者とも言える「教員志望の学生」は、この現状をどう捉えているのだろうか。

本コラムでは、「日本若者協議会」代表理事を務める室橋祐貴氏に、教員志望の学生を対象にしたアンケート調査から見えた「教員志望の学生の本音」を語っていただいた。


教員の労働環境がいよいよ限界を迎えつつある。

各県内の教員が大幅に不足しており、1学級当たり児童数を増やすなど、子どもにも悪影響を及ぼそうとしている。

例えば沖縄県では、教員不足を背景に一部の公立小中学校で2023年度の1学級当たり児童数が35人から40人に引き上げられる可能性が出てきていた。山口県では、公立中の2、3年で1学級の生徒数の上限を35人から38人に増やすことが決まった。

教員不足が起きている理由はさまざまだが、ベテラン教員が大量退職を迎えたこと、特別支援学級のニーズが高まり、必要な教員数も増えていること、そして教員志望の学生が集まっていないことが大きい。

文部科学省が2022年1月末に発表した調査結果によると、2021年4月時点で、全国の公立学校1897校で、2558人もの教員が不足。

2022年9月、文部科学省が公表した公立学校教員採用選考試験（2021年度実施）の調査結果によれば全体の競争率（採用倍率）は3・7倍と、1991年と同じ過去最低となった。さらに、小学校の競争率は2・5倍と過去最低を更新した。約10年前、2011年の4・5倍と比べると、半分近くの倍率にまでなっている。

なぜ教員志望の学生が減っているのか？　2022年、筆者が代表理事を務める日本若者協議会では、当事者である教員志望の学生（211人）を対象にアンケートを実施した。

それによると、志望者が減っている理由として、94％の回答者が「長時間労働など過酷な労働環境」を挙げた。さらに、2割の回答者は教員を目指すのをやめたと答えている。

現状の教員の労働環境を学生はどう思っているか？

教員志望の学生が減っている理由として、複数回答で最も多かったのは、「長時間労働など過酷な労働環境」で94％だった。次に、「部活顧問など本業以外の業務が多い」が77％、「待遇（給料）が良くない」が67％と続いた。

さらに「現状の教員の労働環境についてどう思っていますか？（自由記述）」という質問では、ほとんどの回答者が記述し、問題意識の高さがうかがえた。

その中でもよく指摘されたのが、「残業代が支払われない」「長時間労働が大変で、やりがい搾取になっている」「部活動の顧問が大変」な点である。

いくつか回答をピックアップしよう。

「教員になりたいという気持ちはありましたが、あまりにも多すぎる業務、当たり前になっている残業。それに対する残業代は給特法により固定。働き方改革は果たして形で

図　教員志望の学生（211名）を対象にしたアンケートの回答

●教員志望の学生が減っている理由は何だと思いますか？

（複数回答可）（人）

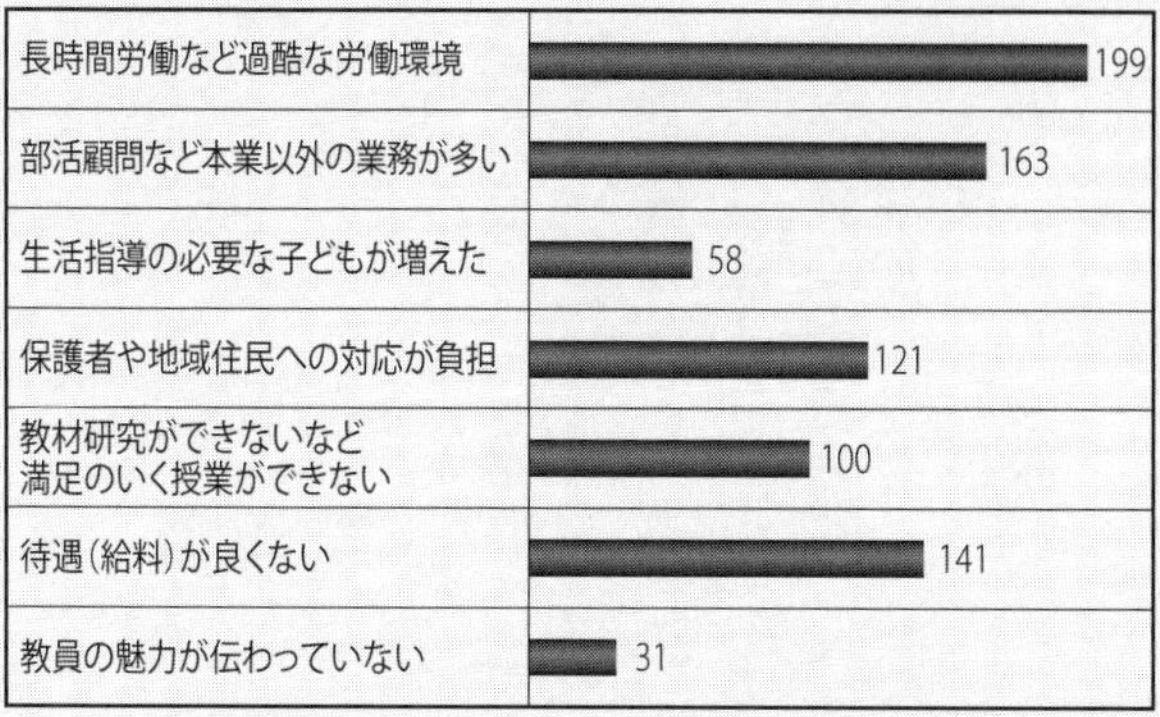

出所：日本若者協議会「教員志望者減少に関する教員志望の学生向けアンケート結果」

はなく本当に教員のために行われているのか。そんな事ばかり日々のニュースで見ます。大学でもたくさん学びました。入学時は教員を目指していた友人たちも、学べば学ぶほど教員を目指さなくなっていきました。今の労働環境では、正直やりがいだけではやっていける自信がありません。（大学生・３年）」

「両親が教師ですが、人生のほとんどの時間を仕事に充てていて、自分の家庭を大切にする余裕がないことが何より辛いと思います。何か家族イベントがあるごとに謝っていて、何のための人生かと思うことがよくあります。教師は、教師になった人の人生を踏みにじる仕事です。（大学生・2年）」

「ストレートで大学院に通いながら中学校非常勤も勤めている立場で回答する。教員がする仕事なのか、境界線があやふや。時に警察の真似事をして生徒指導を行っていることもあり、疑問に思う。部活動もさながら、生徒同士のトラブルの為に教員は定時以降残って対応することもあり、プライベートの犠牲の上に成り立っている指導である。しかしそこに対価は発生していない。給特法の4％など今の教育現場には全く似合っていない。対価を与えず結果ばかりを求め、それも教員のプライベートの時間の犠牲のもと成り立つ教育は破綻しているとしか言えない。私は教育に強い憧れを持ち志願して院まで進学したし、教育学部及び研究科では満足のいく研究や経験を積むことができたが、教員になる気はない。（大学院生・2年）」

教員の残業代が出ない根拠になっているのが、給特法（公立の義務教育諸学校等の教育職員の給与等に関する特別措置法）の存在である。

残業代を払わない代わりに基本給の4％を「教職調整額」として支給すると定めてお

り、結果的に長時間労働に歯止めが利かず、教員の業務過多を生み出している。

現在、政府や自民党内ではこの給特法をどうするかの議論が行われており、自民党内の改善案では三つあると報じられている。

一つ目は、給特法を廃止し、会社員と同じように時間に応じた残業代を支給する。

二つ目は、給特法を維持しつつ、現在は基本給の４％となっている教職調整額を十数％まで引き上げる。

三つ目は、この二つの「折衷案」だ。給特法を維持し教職調整額については４％から数ポイント引き上げた上で、学級担任や部活の顧問を務めたり、主任の職に就いたりしている教員に相応の手当を上積みする。

まず、二つ目の案では、現状の長時間労働を肯定することになるため、長時間労働の維持もしくはさらなる延長を招きかねない。

三つ目も同様で、長時間労働の是正にはつながらないことに加え、先進的な学校改革をさまざま行った麹町《こうじまち》中学校が、固定担任制を廃止したように、学校側が担任を決めるよりも、生徒が相談したい相手にする形のほうが望ましい。そう考えると、三つ目は、生徒目線が入っていない役割分業を固定化させる施策になる可能性が高い。

一連の教員の働き方改革の最大の目的は、あくまで子どもの教育環境のためである。さらに、給与ではなく、長時間労働を若者が避けていることを考えると、目指すべき方向は、一つ目の、給特法を廃止し、残業をさせない方向に進むべきではないだろうか。

軽視される「ケア」

何より、教育という国家の基盤を作る領域において、人がこんなに大事にされていないことに危機感を覚える。教員に限らず、保育士や介護士、看護師など、人手不足になっている領域に共通しているのが、「ケア」の仕事という点である。

対価が支払われない家事や子育て、介護などの「アンペイドワーク」を含め、ケアを受けない者はいない。にもかかわらず、ケア活動もケア活動を担う人々も、あまりに軽視されすぎている。

仕事の機械化が進み省人化される一方、人間にしかできない仕事である「ケア」の社会的位置付けを見直すべき時期に来ていると感じる。それが結果的に、教員不足の解消や少子化対策の強化にもつながるのではないだろうか。

最後に、「教員志望をやめた」学生の声を紹介したい。

「教員を目指すためには趣味や学業以外の学習の時間、また研究の時間を4年間も犠牲にしなければならない。その対価として得られるのは安い賃金と重い責任。国家において非常に重要な教育という領域においてやりがい搾取と言わざるを得ない実情。(大学生・4年)」

「労働環境、待遇の改善が見通せず、自分自身を殺すことに繋がりかねない。(大学生・4年)」

この状況を放置していては、「先生がいなくなる」日はそう遠くない。

【室橋祐貴氏　略歴】

慶應義塾大学経済学部卒。同大政策・メディア研究科中退。大学在学中からITスタートアップ立ち上げ、BUSINESS INSIDER JAPANで記者、大学院で研究等に従事。専門・関心領域は政策決定過程、民主主義、デジタルガバメント、社会保障、労働政策、若者の政治参画など。文部科学省「高等教育の修学支援新制度在り方検討会議」委員。

第4章

学校の働き方改革が「先生以外の人たち」とも無関係でない理由

小室淑恵

睡眠不足の上司ほど部下に侮辱的な言葉を使う

私が代表取締役社長を務める株式会社ワーク・ライフバランスは2006年に創業し、これまで2000社以上の民間企業や官公庁などの組織に働き方改革コンサルティングを提供してきた。が、実は約250校の公立学校に働き方改革のコンサルティングをCSR事業として約5年間継続している。

なぜ学校の働き方を変えることが重要なのか、学校という組織の働き方を根本的に変えるには、どのような構造に注目し、具体的にどのような法改正が必要なのか。

本章では、2000社の民間企業と250校の学校の働き方改革を達成してきた経験から、「学校における働き方改革の重要性」について提言したい。

最初に、一つショッキングなデータを紹介したい。それは「組織において睡眠不足の上司ほど部下に侮辱的な言葉を使う」「夜間の睡眠不足は自我消耗（自己をコントロールできなくなる状態）を引き起こし、リーダーが部下に日常的に虐待的な行動を取ることに影響をあたえる」というものだ（図4－1）。

図 4-1　睡眠不足の上司ほど部下に侮辱的な言葉を使う

●Barnes, Lucianetti, Bhave, and Christian (2015) は、上司の日常的な虐待的行動と職場単位のエンゲージメントの要因として、毎日の上司（リーダー）の睡眠がどのように影響しているかを検証した。
●**夜間の睡眠不足は、自我消耗（自己をコントロールできなくなる状態）を通じて、上司の日常的な虐待的行動を増やす**。こうした虐待的行動は、最終的に日常的な部下のワーク・エンゲージメントの低下をもたらす。
●上記のモデルは、上司と部下の両方から得たデータを用いた 10 日間にわたる経験サンプリング調査によって検証された。その結果、**上司の自我消耗、日常的な罵倒行動、睡眠の質・量の間接的な効果が、部下の日常的な職場単位のエンゲージメントを低下させる**ことが示された。

出所：Barnes, C. M., Lucianetti, L., Bhave, D. P., & Christian, M. S. (2015). "You Wouldn 't Like Me When I' m Sleepy" : Leaders' Sleep, Daily Abusive Supervision, And Work Unit Engagement. The Academy of Management Journal, 58(5), 1419–1437.

これを学校に置き換えると、上司に当たるのが教員、部下に当たるのが生徒ということになる。職場においてはその結果、部下の離職が起きるが、子どもは「離職」することはできないため、その影響を受け続けてしまう。

教員の長時間労働問題は、教員の健康と命を守るために解決すべきであることは言うまでもない。しかしさらに言うならば、私たちの大切な大切な子どもたちが、毎日「侮辱的な」言葉で指導を受けていること、それを一刻も早く改善するために解決すべきなのだ。

教員の長時間労働放置が、子どもたちを過酷な状況においつめている

では、長年放置された長時間労働によって、教員の脳には何が起きているのだろうか。睡眠不足になると、脳の中でも「怒りの発生源」である扁桃体（図4－2の真ん中のAmg部分）が活性化し、怒りやすくなる。さらに睡眠不足は前頭前野（扁桃体の活動を制御する部位）の機能を低下させるので、怒りをコントロールできず、いわゆる「キレて」しまう状態になりやすくなり、パワハラ・セクハラ・不祥事等のモラル崩壊の引き金になる。

現在、毎年5900人もの教員が休職していると言われているが、それは氷山の一角であり、これほど追い詰められている労働環境の中で、休職することもできず、限界を超えた脳の状態で勤務せざるを得ない教員に、私たちは子どもたちの育ちを毎日まかせているのだ。もともとおだやかで、頑張り屋で真面目で、子どもたちへの愛情にあふれた教員こそが長時間労働に飲み込まれて自己コントロールを失ってしまい、その結果子どもたちは、「教員の睡眠不足がもたらす、深刻な怒り・イライラ・躁鬱状態」を直接、毎日ぶつけられてしまう。多様でイノベーティブな子どもほど、怒りによる抑圧的な管理が不登校

図 4-2　長時間労働と脳の関係

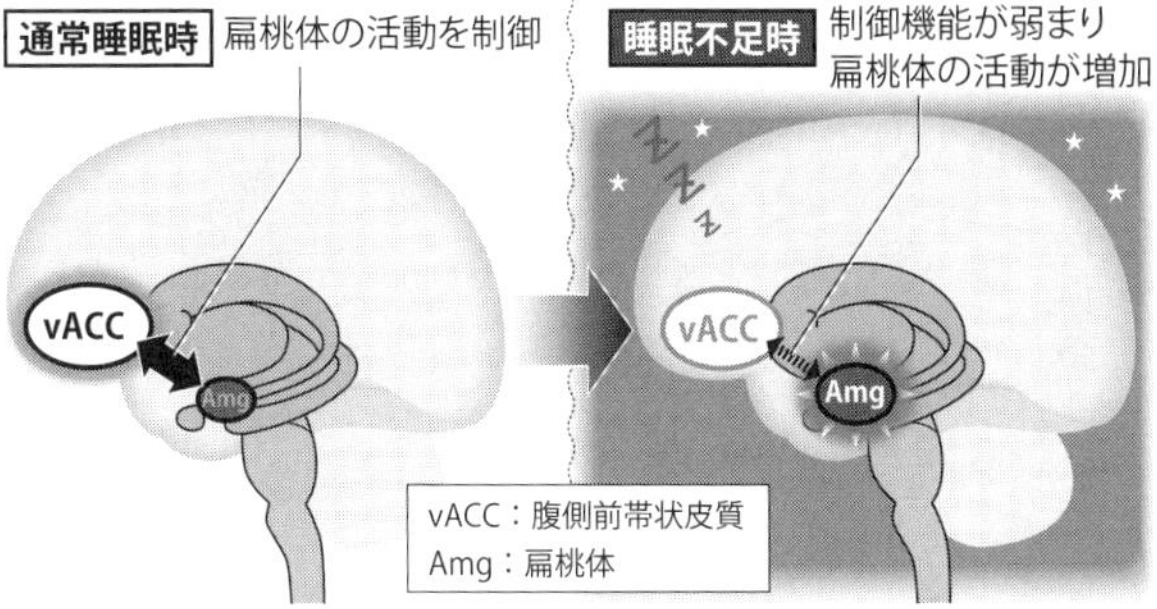

睡眠不足は、脳の怒りの発生源である扁桃体を活性化させ、扁桃体の活動を抑制する前頭前野の機能を低下させるので、パワハラ・セクハラ・不祥事などのモラル崩壊の引き金となると言われている。

出 所：Yoo, S. S., Gujar, N., Hu, P., Jolesz, F. A., & Walker, M. P. (2007). The human emotional brain without sleep--a prefrontal amygdala disconnect. Current biology: CB, 17(20), R877–R878.

の引き金になる。

だから、教員の長時間労働問題は、教員本人やその親族だけでなく、すべての親が憤るべき問題なのだ。教員の脳は恒常的な睡眠不足により、いわば生存の危機を感じて戦闘態勢を取っている。

そんな戦場のような環境に子ども達を毎日送り込まなくてはならないこの国の体制に、すべての親が本気で怒るべきだ。どこか特定の学校でだけ起きているのではなく、あきらかに国の失策によって、全国のほぼすべての学校で起きていることなのだ。

私は、教員の長時間労働問題は、次の3つの観点から改善すべきと考える。

①「子どものためにこそ」即刻改善すべき
②学校ごとの改善にまかせず、「国の制度として」改善すべき
③その改善に必要な予算こそは、日本の未来への投資として優先して確保すべき

また、人間の脳は朝起きてから13時間しか集中力が持たず、その作業能力は酒気帯び運転時の作業能力を大きく下回ることも解明されている。[1] 教員は出勤時間が早いので朝の5時には起床していることを考えると、夕方6時には集中できる時間は終了している。

このような状態で無理やり仕事をすれば、例えば、子ども達の進学を決める重要な書類での「ミス」や、部活動の時間での「事故」等が発生する。気力・体力ともに尽きている中で「いじめ」を耳にしても、向き合うだけの状態になく、放置してしまう。

労働科学研究所慢性疲労研究センターの佐々木司センター長によると、人の睡眠は前半部分で肉体の疲労を回復させ、後半の部分でストレスを解消するという役割分担になっている。そして睡眠後半というのは、実は寝始めてから「6時間以降」だという。つまり、6時間未満の睡眠が続けば、前日のストレスが翌日以降に積みあがっていき、やがてコッ

プいっぱいになって溢れてしまえば、周囲からの何気ないひとことでも「いなくなりたい。死にたい」といった状態に追い詰められてしまう。

一日の心身の疲労は、6時間以上の睡眠を取ることで、その日のうちに回復させることが、メンタル疾患を予防することになるのだ。

出勤していても意味がない「プレゼンティーズム」

私たちがコンサルティングした企業で印象的だった事例がある。あずさ監査法人は、真面目で優秀な職員が多く、世間で監査に関する不祥事が起きるたびに手順が増え続ける監査業務を長時間労働と気合でやり切ってしまうという習慣が続いていた。しかし次第に優秀な若手職員から「長時間労働を理由とした退職」が増え、理事長が高い危機感を持ちコンサルをご依頼いただいた。現場のコンサルと同時に、理事長の決断で、監査に必要なデータがすべて置いてあるデータベースへのアクセスを毎日20時（水曜日は19時）に切断す

1 Dawson, D., Reid, K. (1997) Fatigue, alcohol and performance impairment. Nature, 388(6639), 235.

ることにした。その結果、業績は一切落ちることはなく、むしろ好業績となり、**体調不良やメンタル疾患で産業医を訪問する人が、なんと4割も減少した**のだ。

病気やケガで欠勤、または休職などで業務についていない（＝明らかに職場や会社に居ない）状態を「アブセンティーズム」といい、職場の生産性低下の要因になると言われている。

一方で、出勤していても心身の不調により十分なパフォーマンスが発揮できず、業務遂行能力や生産性が落ちてしまう状態のことを「プレゼンティーズム」という。これは睡眠不足による脳疲労が引き起こすことが分かっている。脳疲労が溜まると、仕事のパフォーマンス低下を引き起こし、「プレゼンティーズム」に陥る。具体的には、「思考力が低下する」「刺激に対する反応が鈍くなる」「注意する力が衰え、散漫になる」「動作が緩慢になる」「目がかすむ」「頭痛がする」「肩こりが起こる」「腰が痛い」などの変化だ。

出勤はしているので生産性の低下が分かりにくいが、実はプレゼンティーズムの方が生産性や業績に影響する割合が大きいといわれている。日本企業を対象に行った調査でも、企業における健康関連総コストの構造で、アブセンティーズムが全体の4・4％であることに対し、相対的プレゼンティーズムは、77・9％と圧倒的に割合が高いことが分かっている。

では具体的に、国はどのようにしてこの状態を改善していけば良いのだろうか。私たちがお手伝いした250校では、働き方改革コンサルティングの結果、残業時間は半減している。民間企業2000社においては、平均して25％程度の残業削減である事と比較すると、学校の削減幅はほぼ倍である。実際に学校の残業時間を減らすことは可能なのだ。現場に入って伴走した田川コンサルタントから、5章で3校の事例をご紹介しているので、詳細をみていただきたい。私からは、そこから見える共通点をもとに、なぜ各学校が今まで労働環境を改善することができなかったのか。国の仕組みをどのように変えれば、そのような改革が全国で一斉に起きるのかについて解説したい。

学校現場で働き方改革が進む重要なポイント

250校と共に取り組んだ働き方改革ではっきりと分かったことは、校長・教頭の権限で止められる・変えられる業務が非常に多くあるということ。それを実行した結果、取組後の残業時間がほぼ半減したことから、日本全国の学校の残業は半減できる可能性がある。

問題は、**校長・教頭が働き方改革に取り組んで評価されることもないし、取り組まずに降格されることもない、まったく評価に入っていない構造だ。**一方で、自分が校長・教頭を務めている期間に学校で何か過失があれば、それは管理職である校長・教頭に大きなマイナス評価となり、その後のキャリアが途絶えてしまう。

「何も起きないことが大事」であり、だからこそ「念のための業務は優先順位が高い」という構造ができあがる。そのために教員が作る書類の量が増え、ブラック校則でどこまでも自由を規制し、何も起こらないように監視する業務が教員にとって増える一方となる。

つまり、**「教員の労働環境整備」という業務が、校長・教頭の正式な業務になることがこの問題解決の最大のポイントとなる。**しかし、それこそが今まで実現してこなかったことだ。どうすればよいか。その唯一の方法が「給特法の廃止」なのだ。それにより学校現場にも「コスト」や「評価」という当たり前の概念が適用されてくるからだ。教員の働く時間と、支払うお金が連動するようになること、これによってはじめて「校長・教頭が業務の取捨選択を判断して、適切な労働環境の整備をしなさい」「そうしないと評価されませんよ」という圧が教育委員会等の外部から入ることとなる。

しかし、給特法を現時点で廃止すれば、全国の教員の残業代を積み上げた額が「9000億円分」上積みになるという試算があり、**率直に言ってそれがすべての政治家の決断を狂わせている。**個人的にディスカッションした政治家のほぼ全員が、小手先のごまかしではもうこの酷い長時間労働の現状、若者が教職を選ばない現状を変えることが出来ないことは理解しており、根本的な「給特法廃止」という判断が必要なタイミングであることが分かっている。にもかかわらず、具体的手法になると「調整額が4％では少ないので、8％に変更するのはどうか」「大変な役割を引き受けている人が報われないのは良くないので、手当の種類を増やしたらどうか」と応じる。これは完全に「毎年9000億円の財源を確保するのは不可能だ。」と逆算して、なんとか全額ではなく一部の費用で同様の効果が得られないかと迷走しているのだ。しかし、財源の問題も解決しながら、給特法を廃止する方法はある。

そのポイントは、まず給特法廃止の期日を決め、はっきりと示すことだ。今まで議論した文部科学省・財務省の官僚や、国会議員からは毎回「先に働き方改革を数年間徹底して取り組んで、ある程度残業を減らしてから、給特法の廃止に向かって検討」と言われてきた。

これはなんとか９０００億円を８０００億円、７０００億円と減らしていって、このくらいの額ならば財源を確保できるというところまで圧縮できたら前向きな検討に転じようとする考え方だが、これでは絶対に解決できない。なぜなら現役の校長・教頭にとって、それは「自分が任期を終えたころに法改正する〝かも〟しれないから、それに備えて長時間労働をなるべく減らすように今のうちにやっておけ」という意味であり、実行しようがしまいが、自分の任期内では何も影響はないからだ。この順序で「まずは働き方改革になるべく取り組め」というお達しを何年間出し続けても、誰も本気で取り組むことはない。

まず給特法廃止の日時を決めることが最大のポイントだ。しかもそれが、ほとんどの管理職にとって自分の任期内である2～3年以内の日時であることが重要だ。このデッドラインが決まり、その成否は自分のキャリアに大きな影響を与えることがはっきりすることこそゲームチェンジになる。民間企業においても、２０１８年の働き方改革関連法の国会通過により、２０１９年の４月が大企業のデッドライン、２０２０年が中小企業のデッドライン、と決まった瞬間にゲームチェンジが起きた。このデッドラインの確定と、それまでの猶予が2年あることがポイントだ。その期間に山を飛び移るということができれば問題ないのだという期間が現実的な長さであるからだ。それによって働き方を本気で変えよ

図 4-3　学校現場で働き方改革が進む重要なポイント

1. **校長・教頭の権限で、止められる・変えられる業務が多くある。** 残業時間は半減させることが可能。
2. ただし、校長・教頭は「働き方改革に取り組んで評価される」 ことも「取り組まずに降格される」こともない。この構造が問題
3. 働き方改革を校長・教頭の「正式な業務」にすること。 学校現場にもコスト・評価という当たり前の概念が適応される
4.「まず働き方改革で残業を減らしてから給特法廃止」ではなく、「給特法廃止を決める（但し実施日まで 2 年の猶予有）」「働き方を本気で変えようとする学校には金銭的な支援をする」「実施日までに 9000 億円分の残業が半減、国庫負担は 1500 億程度に」

うとする学校が出てくるが、早期に飛び移る覚悟を決めた学校に様々な支援をしていくことが重要だ。そのための財源をまずは数千億確保すべきだ。

この2～3年後の法施行までに、管理職が本気でコミットして業務削減の判断をすれば、わが社が支援した250校のように、実際の残業時間が半減する。うち国庫負担3分の1ということを考えると、国は1500億程度を国が用意すればいいという形になり、この数字ならば決して確保できない額ではない。

なぜ給特法の廃止なのか？

しかし「なぜ残業を減らす方法が給特法廃止なのか？」そのつながりがまだ理解できない、という声も聴くのでそこを解説したい。本書の共同執筆者である内田良教授の研究結果においても、６人に１人の教員が「管理職から勤務時間の数字の改ざんを求められ、残業時間を正しく付けられなかった」と回答した（本書68ページ参照）。

本来ならば、労働時間を改ざんさせることは**人の財産を奪う違法な行為**であり、子ども達に教える立場にある、その責任者である校長や教頭がその指示をだしていたなどということはとんでもない事態だ。しかしながら現在は時間とお金が連動していないため、「うちの学校が注意を受けてしまうといけないから、数字を書き直しておいて」と、あたかもみんなを守るためにはそのほうが良いといった理論が展開されてしまっている。

時間とお金が厳密に連動すると、月20時間の労働時間を短く申告させる改ざん行為は、年間約50万円以上を本人から不当に奪う犯罪行為になり、「訴訟を起こされる、そして完全に学校側が負ける」という状態になる。すると校長・教頭は「いったい何にそんなに時間かかっているのか」と本気で関与・把握するようになり、みずから具体的な業務削減の指示を出すようになる。

私達が支援した250校では、教育委員会とも連携し、働き方改革の具体的指示を率先して出す管理職をしっかり評価する仕組みをつくったことで、校長・教頭が具体的な業務削減の決断を行った。

特に①「保護者のクレームを減らすために念のために行う業務」②「管理職の権限で減らせる地域行事のお手伝い」③「教員免許が必要ないのに、教員の上に載せている業務」の積極的な外部委託が進んだ。もちろんIT化も劇的に進んだ。

給特法を廃止することで「数字の改ざんという手段を封じる」こと、「管理職にとって働き方改革をしないリスクの方が高い状態を作る」ことができると、初めて学校という現場でも「**業務そのものの削減指示が出される**」「**外部委託費用が認められる**」「**IT化への費用投資がなされる**」「**IT化に順応することへの抵抗が許されなくなる**」というステップにたどり着くことができる。

廃止が示されると、飛び移りが殺到する

2019年、民間企業に働き方改革関連法が施行され、労働基準法の70年の歴史上初めて労働時間に上限設定がなされた時がまさに同じ状態だった。私はその法改正が行われた2018年の国会で参議院の参考人として召喚され答弁を行ったので法律が国会を通過する瞬間を見たのだが、まさにそこから企業の飛び移りが始まった。

施行時期が2020年で良いとされた中小企業は当初は動きが鈍かったが、大企業は2019年の施行に向けて具体的な対策と、そのための予算確保に向かってぐんぐんと動き出した。働きやすい大企業と、旧態依然とした中小企業という構造になってしまったことで深刻な人手不足に陥った中小企業には、働き方改革に積極的に取り組むことで得られる助成金が作られ、建設業には、取り組めば入札の際の加点がなされる制度ができた。

つまり時限付きのハシゴがかけられて、急いで飛び移るところは得をするしくみが作られたのだ。いち早く飛び移った企業は健康経営銘柄に選ばれたり、就活サイトでの人気が飛躍的に上がったりといった羨ましい状態を作ることで、飛び移りは加速していった。

これと同じように、給特法の廃止が決まり、タイムリミットが示されると、全国の学校が一斉に飛び移るということが起きる。この際、早いタイミングで自発的に新しい働き方に飛び移ろうとする学校を徹底的に支援することが重要だ。たとえば「２０２６年に給特法を廃止するが、２０２４年・２０２５年には毎年１０００億円分の予算を確保し、いち早く働き方改革をする学校を支援する！」と示し、財務省はそのための財源をまず確保すべきだ。

しかし、この財源を使った支援の際に大きなポイントがある。「金銭的支援や知識的支援を受ける条件として、校長・教頭のコミットを条件にする」ことだ。

具体的な条件の内容としては、校長・教頭の評価に教員からの３６０度評価を入れ、「労働時間の改ざん指示がないか」「業務削減のための具体的な判断を率先して行っているかどうか」などの項目を教員から定期的に回答してもらう。各教育委員会向けの金銭的支援も用意し、「各学校の校長・教頭の評価項目に働き方改革への取り組み姿勢を入れる」ことを条件とするとより加速するだろう。

国民の税金を無駄にする政策の例

ここまで、なぜ給特法を廃止することが重要なのかを述べてきた。しかし、それでもなんとかその方法以外で、もっと費用の掛からない形で、別の解決策を選ぼうとする力が働く。**他の方法で取り組むことがなぜダメなのか、それはむしろ「膨大な額の血税を無駄にする」ことにつながるからだ。**

まず最もよくある代替案は①「調整額や手当の増額」というものだ。

調整額4%というのは財源に換算すると年額1500億円だ。それが8%(3000億円)になっても、20%(7500億円)になっても、あるいは担任手当など役職手当を増やしても、教員不足という問題が解決することはない。

なぜなら、学生たちが教員を選ばなくなっているのは「家族や友人と過ごす時間もない、睡眠もままならない、過労死ラインを越えた長時間労働環境」が原因だからだ。それが解決していないのに、調整額や手当の増額によって、月給31万円が32~33万円に上がったからといって、先生を志望する学生が増える、なんてことはおきない。

調整額の増額でお茶をにごす方法では、国が今回の改定に本腰を入れた**一番の目的であるはずの「教員不足の解決」には何も効果はなく、出費のみ増えるという結果になる。**調整額の増額では効果がなかった、と明白になってから再び全国実態調査を行って、検討会を開き、また議論をするというならば、それは膨大な時間を無駄にし、その間に再び多くの過労死が発生してしまい、学生にいよいよまったく選ばれなくなることを意味する。

次に②「現状の負担を減らすための人員増と予算増」という解決策はどうだろうか。

私たちは250校のコンサルをする中で、同じエリアで、先に教員を増員した学校と、働き方改革のあとに増員した学校の両方を見てきた。

先に教員の増員がかなった学校では、**教員にさせるべきでない仕事を徹底して見直す段階に進まないまま、現状の仕事内容の一部を切り分けて渡し、維持してしまっていた。**一時的な加配があるうちはいいが、加配もできなくなった際には以前以上の窮地に陥る。人員と予算はもちろん増やすべきなのだが、先に給特法廃止の期日が示され、教員にさせるべきでない仕事を削減したり、外部委託したりすることが急務なのだ。

給特法が廃止されるべき理由がもう一つある。今、民間企業では働き方の多様化がどんどん進み、人材獲得上の大きな魅力となっている。つまり、民間においては今後も企業が合意してさらなる働きやすい法整備がなされていく可能性が高く、**給特法を維持する教員の労働環境だけが大きく取り残されていく**ことになる。こうした民間企業の働き方の変化を見据えて教員の働き方をどうするべきかを考えなくては、教員免許を持っていても民間企業を選ぶ学生が後をたたず、人材不足が解決するはずはない。かつて70年代に学校現場で長時間労働とその対価が支払われないことへの労働訴訟が増え、裁判で国が負け始めたことから、その問題の先送りのために給特法を作ったのは明らかであり、その先送りはとっくに限界に来ている。

今回さらにその先送りのような調整額の上積みをすれば、本当に学校という日本の人材の根幹を作る組織が崩壊してしまう。日本において、民間企業と比較した上でも十分に選ばれる職場にするために、もう「定額働かせ放題」の制度とは決別しなくてはならない。

経済界からも給特法の廃止に賛同

とはいえ、教員の労働環境改善のためだけに、1500億円の財源確保が難しいのも事実である。しかし、この問題は決して教員のためだけではなく、「子どもたちの毎日」のためなのだという認識が高まったことにより、署名も8万筆以上集まった。

そこにさらに、経済界からも追い風が吹いている。学校がどのような人材を輩出するのかは、日本企業の発展のためにも重要であり、そのためにこそ給特法廃止に賛成だという発言が経済界でも増えてきているのだ。3児の父であり、二度の育児休業取得経験もある、株式会社メルカリの小泉文明会長のコメントを紹介したい。


「日本の未来を豊かにするためには子どもが健全に学び、育っていく環境が重要であり、それは家庭・家族と同様に教育・教員の方々に期待する面が大きいと思っています。また、日本社会にイノベーティブな人材を輩出することは、経済界からみても重要であり、この観点からも教員のみなさんにかかる期待は大きいです。

一方で子どもを育てる先生方の労働環境は過酷で、ブラック企業と揶揄され、残業代など賃金的にも恵まれず、様々な対応で精神的にもつらい状況が続いています。このような環境で未来を創造する子どもたちに、その多様性を尊重し、創造的な教育することは可能でしょうか。私にはそう思えません。

そのまず第一歩として時代錯誤になっている給特法を廃止することに賛同します。今こその問題の本質的解決をして、先生たちに健全な労働環境を提供すべきだと強く感じています」

（株式会社メルカリ取締役会長／株式会社鹿島アントラーズ・エフ・シー代表取締役社長　小泉文明氏）

世界と戦う企業にとって、多様でイノベーティブな人材の輩出が学校に期待することである。そのための費用を国が適切に投じることには大いに賛同するという声が、経済界からあがっているのだ。

睡眠が、クリエイティビティ・記憶力を強化する

睡眠と創造性の関係については、ウィスコンシン大学のジョアン・カンター教授が「睡眠は学習と創造性どちらにも重要な役割があることを研究結果は示している」と述べた。

「新しい発見・発明」は、2つのプロセスによって発揮される。1つは、意識がある日中に集中して考えること。もう1つは、その後に睡眠をとることで、集中の糸をほどき、新

しいアイデアとの出合いとの訪れを待つこと。**創造性を発揮するのに、睡眠は非常に重要な要素である。**

また、眠っている間に脳は2種類の睡眠を繰り返している。浅い眠りとされているレム睡眠と、深い眠りのノンレム睡眠。約90分ごとに交互に入れ替わり、それぞれの役割を果たすとされている。

研究では、このレム睡眠を妨害されたネズミは情報の整備や記憶の定着ができなくなることが分かっている。つまり、十分な睡眠をとることで、レム／ノンレムの切り替わりが適切に行われ、情報が記憶されやすくなるのだ（マギル大学精神医学部の研究者シルベイン・ウィリアムズ博士とベルン大学の共同研究）。

一心不乱に睡眠を削って研究したり勉強したりしたほうが、発明や学習で成果があがると思われてきたが、そうではないということが実証されてきている。

ランド研究所シニア・エコノミストのマルコ・ハーフナー氏は、イギリスのフィリップ・ハモンド財務相が2017年11月に人工知能などの研究開発に投資することで生産性を引き上げようとする計画の予算案に反対し、睡眠時間を延ばすことが生産性を上げる方法だと主張した。ランド研究所の発表によると、睡眠時間が6時間以下の場合、7～9時間の睡眠をとった場合に比べて、２・４％生産性が下がるとされている。イギリスでは睡眠不足により、年間４００億ポンド（６・２４兆円）もの損失を出しているとハーフナー氏は語る。これを**日本の睡眠不足による経済損失で換算すると実に15兆円**に上る。教員が率先して休息を取るライフスタイルを実践し、子どもたちに見本を示すことが重要だ。

福岡市では、２０２２年10月から、勤務と勤務の間に11時間を空ける「勤務間インターバル」を教員にも導入した。また、同年11月４日には、自由民主党が、雇用問題調査会の下に「勤務間インターバル推進ＰＴ」を設置した。

ＥＵではすべての国で批准されている勤務間インターバルだが、日本の民間企業においても導入に向けて検討が開始されている。もし数年内に民間企業に勤務間インターバルが適用され、その時点で教員に給特法が廃止されていなければ、教員だけまた例外とされて労働環境の差がつくことでますます人材獲得が困難になる。同じタイミングで教員にも11時間の勤務間インターバルが導入されるためにも、給特法廃止の議論を急ぐことが大事だ。タイムリミットはこの数年と言えるだろう。

最後に、給特法の廃止を政府が決断するためには、数千億の財源に関する不安の払拭が必要だ。どういうことかというと「教員の残業代を払うことになったので、数千億の財源を使います」と言って、国民が納得するかどうかが政府・政治家は不安なのだ。

逆に言えば、そうした決断が国民に支持されるという確信を持つことができれば、その意思を掲げて法改正に至るまで国会で戦い抜いてくれる議員も出てくる。だからこそ、今私たちが行っている署名活動に、一人でも多くの署名をいただきたい。現在８万筆だが、この署名が今後もさらに加速して増えていくことで、「給特法廃止の議論はもう十分に世論で盛り上がっている。教員の残業代を払うためだけではなく、子どもたちを安心して育てられる社会をつくるためにも、給特法は廃止したほうが良い。国民の多くがそう思っている」と、政治家が感じるようになれば、給特法廃止は決して不可能ではない。

ぜひ本書を手に、まだまだこの問題を知らない人たちに署名を呼び掛けていただきたい。

第5章 学校現場での働き方改革
――知られざる「リアル・ノウハウ」

田川拓磨

学校現場における働き方改革の進め方

はじめまして。田川拓磨と申します。私は株式会社ワーク・ライフバランスで働き方改革コンサルタントとして、これまで250以上の教育委員会や学校の働き方改革の支援を行ってきました。

そんな私のかつての夢は、高校の教員になって高校野球の監督を務めることでした。大学時代には教員を目指して教育実習に参加し、教員免許を取得しましたが、教職員の過酷な労働環境を目の当たりにし、大学卒業後は民間企業へと就職しました。

このため、私には教職員として働く十数人の友人がいますが、会うたびに聞こえてくるのは「毎日、朝の3時45分に起床している」「平日は20～21時まで部活動、その後に授業準備を行っている」等、非常に心が痛む実情です。

教員は子どもたちを取り巻く環境下で、大人として、子どもの人格形成にかかわる重要な存在であるとともに、非常時には全生徒の命を守らなければならない、大変尊い仕事だと思っています。教育実習に参加し、採用試験を突破して晴れて教員になったにもかかわらず、待っているのは過酷な労働環境です。

毎年、同窓会や年賀状では「田川、なんとかしてくれ！」というSOSが寄せられる中で、この状況を一刻も早く打開したいと、これまで、静岡県、岡山県、埼玉県を中心に250以上の教育委員会、学校のコンサルティングを行ってきました。

これらの学校のコンサルティング事例を基に、2017年には文部科学省へ「留守番電話の設置」「勤務時間の把握」「部活動休養日は地域で一斉に実施」といった提言を行いました。その結果、正式にこうした取り組みが「学校における働き方改革に関する緊急対策」へと取り入れられ、この時期から、学校の働き方改革が急速に進み始めたように思います。

本章では一見「特殊」とされる学校・教育委員会の現場で、どのように働き方改革を進めているのか、そして具体的にどのような取り組みを行っているのかをご紹介します。

先生たちの働き方改革メソッド①
「朝夜メール」で業務時間がガラリと変わる

250以上の学校、教育委員会で働き方改革を行ってきた中で、共通して実施した項目が2つあります。それは「**朝夜メール**」と「**カエル会議**」です。

一つ目の「朝夜メール」とは、朝出勤した際に、その日の仕事の予定を15〜30分単位で組み立て、上司や同僚にメールまたはボードに記載して共有、あるいは朝礼でお互いに確認します。そして退勤する際に、予定通り行うことができた業務は何なのか、できなかった業務があれば、その原因は何なのかを毎日振り返るというものです。

最初は朝メールを作るだけでも数十分ほど時間がかかるかもしれませんが、慣れてくれば5分ほどでできるようになります。

朝夜メールのメリットは、「見えているつもり」だった業務状況がよくわかることです。さらに「この仕事はこんなに時間をかけなくてもいいよね」「その仕事、こうすればすぐに終わるんじゃない？」など、自然と無駄を省くことができますし、安心して業務を進めることができます。

そうすると、目に見える形で残業削減効果が表れます。例えば、長崎大学付属中学校では、朝メールを作成する取り組みを2週間続けたところ、それだけで退勤時刻が20分早まりました。この学校では、突発的な業務が必ず1時間は発生すると見込み、一つ一つの業務に厳しめに締切時間を設けるなどの工夫も合わせて行いました。

先生たちの働き方改革メソッド②「カエル会議」からすべてが変わる

もう一つの「カエル会議」とは、5～10名の教職員が集まり、30～60分程度、職場の問題点を付箋に書き出し、一つ一つの解決策を考え、実行し、また次のカエル会議で振り返りを行う手法です（図5－1）。実はこのカエル会議こそが、教師の働き方改革を実際に成功させる上で、とても大きな役割を担っています。

カエル会議では、まず働き方改革に取り組むにあたり、「どのような学校にしたいか」「どのような働き方をしたいか」というテーマで付箋を使って意見を集め、学校としてのありたい姿をまとめます。

ポイントは「魅力的な学校」といったキャッチフレーズではなく、「子どもたちのことをしっかりと考えられ、気持ちと時間にゆとりをもてる学校」のように、具体的に文章にしていくことです。ありたい姿が決まったら、ありたい姿を実現する際に、障壁となっていることをそれぞれ付箋に書きだし、書いた内容を読み上げて共有します。

図 5-1　学校現場における働き方改革の進め方（カエル会議）

**ありたい姿を描き、理想と現実のギャップを埋めるために
何をすべきかを全員で知恵を出し合う機会を設けます**

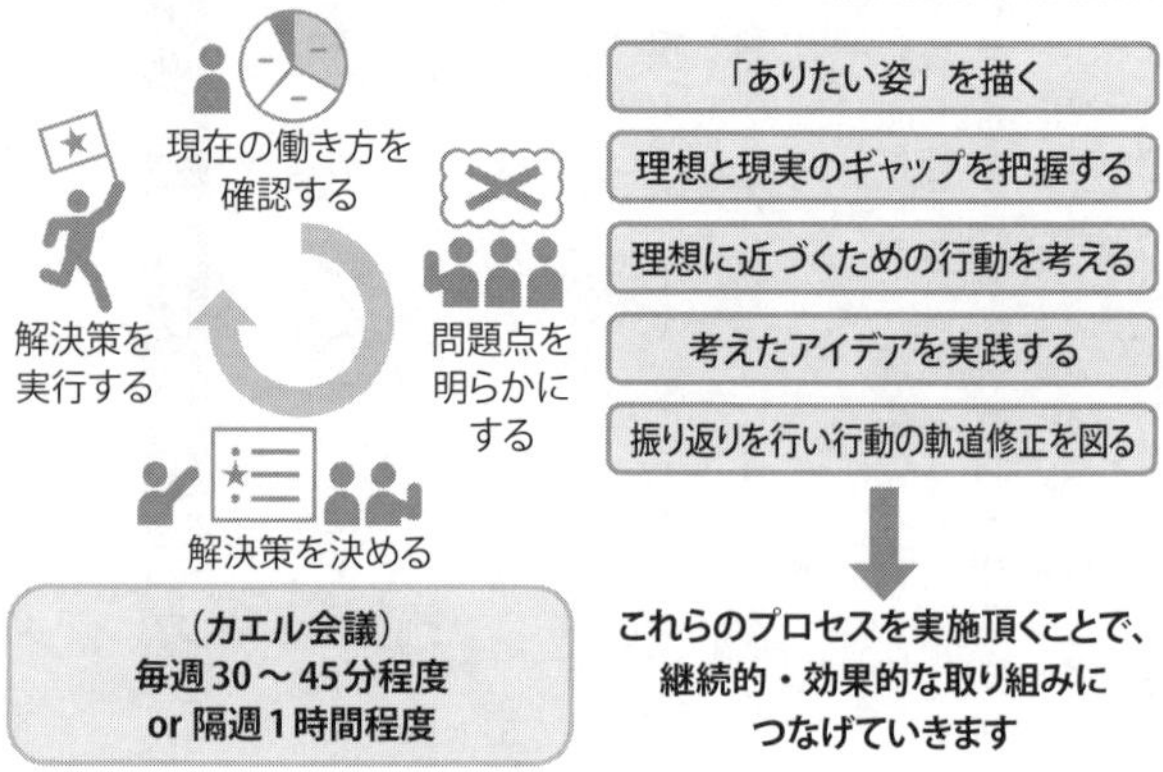
現在の働き方を
確認する
問題点を
明らかに
する
解決策を決める
解決策を
実行する
「ありたい姿」を描く
理想と現実のギャップを把握する
理想に近づくための行動を考える
考えたアイデアを実践する
振り返りを行い行動の軌道修正を図る
（カエル会議）
毎週30〜45分程度
or 隔週1時間程度
これらのプロセスを実施頂くことで、
継続的・効果的な取り組みに
つなげていきます

「教材が共有されていないため、授業準備に時間が掛かっている」「行事を実施する際の手順書がないので、トラブルが起きる」といった内容が出てくると、これらの障壁に対する解決策についても付箋に書きだし、内容を読み上げて共有し、どの解決策を実施するかを決めます。

決まった解決策はカエル会議に参加している教職員全員で分担したうえで実行していき、次のカエル会議では解決策がうまく機能したかどうかを振り返ります。この一連の流れを2週間に一度、継続して行い、職場の問題点を解決し続けることを習慣や学校の文化にしていくことで働き方改革が軌道に乗っていきます。

取り組みが上手く進まない学校は2～3週に1回ではなく、2～3か月に1回、カエル会議を実施しているケースが多いです。しかしこれでは軌道修正が遅れてしまい、効果のある解決策とはなりません。

また、何か解決策を実行しようとした際に、「この解決策を実行すると保護者からクレームが来るかもしれない」といったリスクにばかり目を向けてしまい、何も実行せず、結果としてカエル会議で話した時間をみずから無駄にしてしまう学校が多々あります。これでは残念ながら働き方改革は進みません。**やるかやらないかではなく、リスクを取る、またはリスクをどうなくすかを考えることが、働き方改革成功への近道です。**

◆具体事例① 静岡県富士市立富士見台小学校

2016年より他地域に先駆けた働き方改革

ここからは実際に各学校がどのように働き方改革を実施し、実際に変化していったのか、事例をご紹介していきます。

最初に紹介するのは、静岡県に位置する富士市立富士見台小学校です。この小学校は、静岡県教育委員会が進める「未来の学校『夢』プロジェクト」のモデル校に選定され、2016年4月よりスマイルプロジェクト（スマプロ）と称して働き方改革の取り組みを始めました。

働き方改革のスタート時、校長先生から保護者や地域の方へ「教員が楽をする取り組みではなく、子どもたちのための取り組みです」と、繰り返し説明をしていただきました。説明会に参加された方々の感想の中には**「先生はこんなに忙しかったんですね」**など、**教職員の働き方や多忙な状況が世の中には伝わっていない現実がありました。**

実は、富士見台小学校に私が初めて訪問した際、言葉にはしないものの「児童を相手にしているのだから、働き方改革などできるわけがない」という、完全にアウェーな雰囲気がありました。それでも私は「まずはやってみてください。そして、やめずにやったことを振り返り、継続することで、働き方が少しずつ変わっていきます」とお伝えしました。

取り組み自体は、毎月1回、富士見台小学校に訪問し、教務主任と1時間の事前準備、30分のカエル会議を行い、翌月のカエル会議までに実施することを決定する、というものでした。その際も、新たにカエル会議の時間を設けるのではなく、それまで月に1回開催されていた特活部会の中でカエル会議を実施しました。

そこで主に行った改革は、つぎの3点です。

①校務の洗い出し・分類整理
②教職員の意識改革（タイムマネジメントやワーク・ライフバランスの意識向上）
③保護者・地域の方々を巻き込んだ意識改革

時間に対する意識改革からスタート

中でも、最も教職員の方々の意識が大きく変わったのが「時間に対する意識」です。

これまで見てきた長時間労働を生む職場の共通点は、**「会議が長引く」「一つ一つの議題や仕事に時間が設定されていない」といった時間設定が行われていない**ことです。

カエル会議では、あらかじめ「一つ目の議題は9分、二つ目の議題は7分」など、議題ごとに時間を設定し、タイマーをセットすることで、時間内に話を終える意識を高めていきます。この意識づけにより、2～3か月後に行われた他校との合同研修で「富士見台小学校の先生は、話が端的でわかりやすい」と言われるようになりました。

さらに、カエル会議で教職員から出てきた最初のアイデアは、出勤した際に、当日の退勤時刻の目標を職員室の黒板で自己申告する「カエルボード」を設置するというものでした。

ただ、始めた当初は申告率が41％と低調で、詳しく原因を聞いてみると、カエルボードが管理職の席の真後ろにあったため、やりづらいという声があがりました。

そこで、「申告しましょう」という掛け声と、各々の意識だけに頼らずに、夏休みに不要な物を捨て、カエルボードを教職員が必ず通る職員室のドア付近に移動して導線を変えることで、**申告率は41％から90％まで上がりました。**

他にも、定時を気にしなくなってしまった、といった時間に対する意識改革に有効な取り組みが「カエルミュージック」です。とある、タイムマネジメントが上手な先生が16時半に「蛍の光」、18時には気分がのる音楽、そして19時退勤に合わせて「蛍の光」を流すことを発案し、学校全体で時間への意識を高めていきました。

留守番電話を設置し明日の授業準備に集中できる環境へ

さらに効果的だったアイデアが**「留守番電話の設置」**です。教職員の方々は放課後、保護者からかかってくる電話で、テストの採点や成績評価といった集中力を要する作業が進まず、そのことで残業や持ち帰り仕事に繋がっていました。

そこで、18時以降の電話はすべて留守番電話に切り替えたのです。よほど急ぎの用件の場合は、富士市教育委員会にかけてもらうことにしたのですが、そのようなケースはこれまで数件でした。この結果、「電話にでなくてもいいので、業務に集中できる」という声が教職員から聞かれるようになり、子どもたちの明日の授業に集中して準備ができるようになりました。

この取り組みについては、同じ時期に留守番電話を導入した藤枝市立高洲中学校でも効果がありました。教職員の持ち帰り仕事が半減しただけでなく、「電話の音が鳴らないと、かかってきているのに出ないという心苦しさから解放される」と教職員の精神的な負担を軽減する効果もありました。

何より私が驚いたのは、保護者からも好意的な感想があったことです。**「決められた時間に対応していただけるほうがかけやすいし、スムーズ」「親も先生の勤務時間を意識していれば、連絡する内容も最小限に伝えることができる」**など、教職員と保護者のコミュニケーションの質も向上しました。

また、仕組みを変える取り組みとして、ノー宿題デーを設け、水曜日を4時間授業として児童が13時40分までに下校することで、放課後に1時間程度のゆとりをつくる、といった工夫を行っています（減らした1時間は、月〜木曜の朝8時からの15分学習で補填）。

保護者や地域を巻き込んだ施策として、級外教職員が給食準備や片付けの手伝いに入るランチサポート（水曜日は低学年、木曜日は高学年）を実施しました。さらに、保護者や地域住民に協力を呼びかけて結成された約150名の「チーム富士見台サポーター」が、校地内の環境整備・校外学習での安全確保、購買での物品販売、本の読み聞かせ、寺子屋教室（放課後）などの取り組みを行いました。

この結果、**月間平均残業時間は最大18・5時間減少し、2019年度には平均月間残業時間は45時間まで減少しました。**これにより、文部科学省による公立小学校の教師の勤務時間の上限に関するガイドラインで示している勤務時間の上限の目安時間で働ける状況となったのです。

図 5-2　静岡県富士市立富士見台小学校の働き方改革

（職員数 26 名）

・月 1 回のスマプロ部会で「校務の課題と改善」を話合い。
・退勤時刻設定　カエルミュージックで時間意識の向上。
・留守番電話を設置。18 時以降集中できる環境を整備。
・2017 年 1 月より 19 時退勤をルール化
・級外教諭が給食準備や片付けの手伝いに入るランチサポート
・地域ボランティアによる協力体制の構築

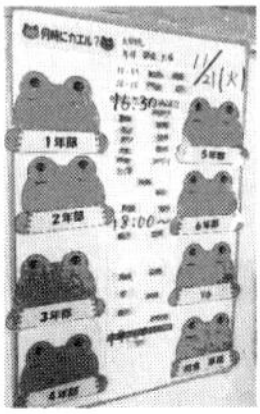

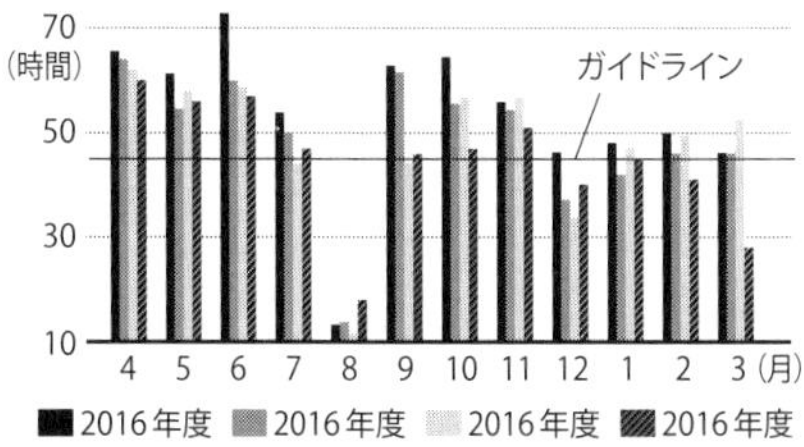

月間平均残業時間が 最大 18.5 時間減少 !!

富士見台小学校の成功ポイント

①保護者や地域に対して説明を行い、協力を仰ぐことの重要性

②徹底した時間に対する意識改革（カエルボード、カエルミュージック、会議の議題に時間設定を設ける）

③留守番電話を設置し、授業準備などに集中できる環境の整備

◆具体事例② 岡山県浅口市立鴨方東小学校

PTA、地域住民、児童の意見を反映した働き方改革

岡山県では2017年度より県内の学校のいくつかをモデル校として選定し、働き方改革に取り組んでいます。2017年度、岡山県教育委員会で働き方改革を担当していた大河原崇視さん（現在は岡山県和気郡和気町教育委員会）は、当時の状況を振り返り、次のように語っています。

私が働き方改革の担当になった頃は、2016年秋の電通社員過労死認定報道や、2017年4月の文科省による勤務実態調査結果報道に代表されるように、民間企業、そして学校現場も含めた世の中全体が「働き方改革」に大きく舵を切っていくうねりが感じられた時でした。

しかし、学校現場や市町村教育委員会からは「頭では（改革の必要性を）分かっているけど、何からやればいいの？」「何かを減らすといったら、保護者・地域からのクレーム

が……」「もうすでにやること（改革）はやっている。これ以上何をしろというの？」「人を増やさないと働き方改革は無理でしょ！」といった声が多かったように記憶しています。

そのような中、岡山県教育委員会全体で「今、取り組まなければ、今後二度とできない」という思いを共有し、２０１７年６月、「岡山県教育委員会働き方改革プラン」を策定するとともにモデル校を指定し、まずは小学校から働き方改革の実践事例を集めることとしました。

とはいえ、私も元教員だったからよく分かりますが、学校現場全体の意識を変えることは一筋縄ではいきません。そこで、専門家の力を借りることとしました。岡山市在住で株式会社ワーク・ライフバランス認定ワーク・ライフバランスコンサルタントの方、そして田川拓麿さんにモデル校のカエル会議に同席していただき、専門的な助言をいただくことで、先生方の意識が少しずつ変わっていきました。

ここからは、岡山県のモデル校で実施した取り組みについて、ご紹介していきたいと思います。

岡山県浅口市立鴨方東小学校では、「生産性を高め、教育の質の向上を図る」ことを目的とし、①業務改善、②時間改善、③環境改善の3領域を定め、さらに、この中心に「意識改革がある」と最初に位置づけました。

その上で「保護者・地域と連携協働した働き方改革と意識改革」を実現すべく、保護者・地域への説明会を実施しました。しかし、取り組みを始めた当初、保護者や地域住民の方々からはこんな意見が寄せられました。

「働き方改革言いよるけど、夜遅うまで電気ついとるが……。先生らあ、ほんまにやる気あるん？」

「忙しい言うて、お茶飲んで菓子食べ食べ楽しそうにしゃべりょーるが。あんなん仕事しょーる内に入りゃあせんで」

忌憚ない意見の数々が寄せられましたが、これが教職員の方々にとっては、「我々の当たり前を変えないといけない」と、意識改革を本気で行うきっかけになったと言います。

その結果、**「PTA、地域住民、児童の意見を反映した働き方改革」**が始まったのです。

例えば、浅口市立鴨方東小学校では、**業務改善の主となるカエル会議を教職員だけでなく、PTA役員や地域住民と一緒に行っています。**

教職員の働き方改革を実施しようとすると、「保護者からクレームが来てしまうので難しい」とよく言われるのですが、鴨方東小は、**保護者や地域の方と理想の学校、目指す児童像を一緒に共有するところからカエル会議を始めました。**

当時の安田隆人校長（現在は高梁市教育委員会）は次のように語っています。

そもそも保護者や地域の方の多くは民間経験者です。働き方を考える上では固定観念にとらわれず、生産性を高める工夫や生産的で創造的な環境改善等について民間の手法やアイデアといった学校内外の多角的視点が必要だと考えていました。

また、働き方改革は、時短だけを考えるのではなく、「生産性を高め、教育の質を向上する」ことに大きな価値があります。子どもの育成のためにあるのですから、教職員の働き方の現状を理解していただき、業務等の改善にＰＴＡや地域の方々、企業とともに取り組むことは意義のあることだと思いました。

実際にカエル会議にＰＴＡや地域の方に入っていただいたことで、ＰＴＡに関することは、その場で改善したものもあり、スピード感のある対応もできました。

そして、理想の学校のあり方や、目指したい子ども像を実現するための課題出しを付箋に記入していくと「先生や子どもが地域を知らない」「社会に開かれた教育課程を」「先生も親も忙しすぎる」といった意見が出てきました。

このようなカエル会議を繰り返し実施していく中でわかったことは、**教職員の働き方改革を保護者が止めるということは実はなく、多忙な教職員の状況を理解してくれれば、むしろ一緒になって行動してくれるということでした。**

また、年度当初に業務改善について教職員にアンケートを取ると、時間的に負担な業務は「学校行事」、気持ちの面で負担になるのは「保護者対応やＰＴＡ対応」という結果になりました。そこで最優先課題は、学校行事とＰＴＡに関わる業務を、ビルド&ビルドから、いかにスクラップ&ビルドをするか？　に定まりました。

「どんな学校にしたいのか」「どんな子どもに育てていきたいのか」――目指す子ども像と、【学校の課題】【家庭の課題】【地域の課題】をそれぞれ整理した結果、「対象となる業務・行事の目的」が明確化され、さらに「時間対効果」を考慮しながら「やめること」と

「やること」を仕分けする業務の棚卸しをしました。

具体的には、ＰＴＡ関係で終日教職員が参加していた行事や会議における参加時間の短縮、卒業式の予行演習、学校保健委員会、環境整備活動等回数の削減を、そして、地区懇談会、音楽朝会、草とり集会、登校指導日誌、学級経営案等の廃止を行いました。また、夏休みに関係教職員とＰＴＡで実施していたサマーキャンプは、地域主体の土曜日体験活動へ、三学期に学校行事として実施されていた「とんど祭り」（大規模集会活動）は、保護者や地域住民の有志が土曜日に運営をすることで教育課程外へ移行するなど、**約10回のカエル会議で計50項目を超える改善が行われました。**

各行事の中でも、学芸会は児童の発表会にもかかわらず、なんと最後は先生が遅くまで残業をして発表の仕上げをしていることがわかりました。これでは児童の発表というよりは先生の発表となってしまいますので、安田校長（当時）には行事の準備時間について目安を作るように私からお願いをしました。

他にも校内の生花管理、ワックスがけ、草取り、学校内の見回りなどの休み時間の安全対応の主体を学校・教師以外のボランティアや地域に移行しました。これらにより、教職員は時間の面でも気持ちの面でも負担が減り、安心して授業準備を行うことができるようになりました。

時間に関する校内の取り決め「カエル5」の作成

時間改善の面では、「終礼」が時間通り終わらず、他の業務を圧迫したため、次の3つのルールを設けました。

①口頭で連絡したい場合、当日朝までに「名前」「内容」「時間」を終礼用の黒板に記入
②口頭での連絡の必要ない連絡事項は、「その他」欄に記入
③教務主任と働き方改革担当者で、時間調整をした上で、連絡順を決定

この結果、終礼が短い時は5分で終わるようになりました。
さらに時間に関する校内の取り決めでは、次のルールを決めました。

①最終退校時刻、定時退校日を決める（カエルミュージックの活用）

図 5-3　鴨方東小　時間管理のカエル５（ファイブ）

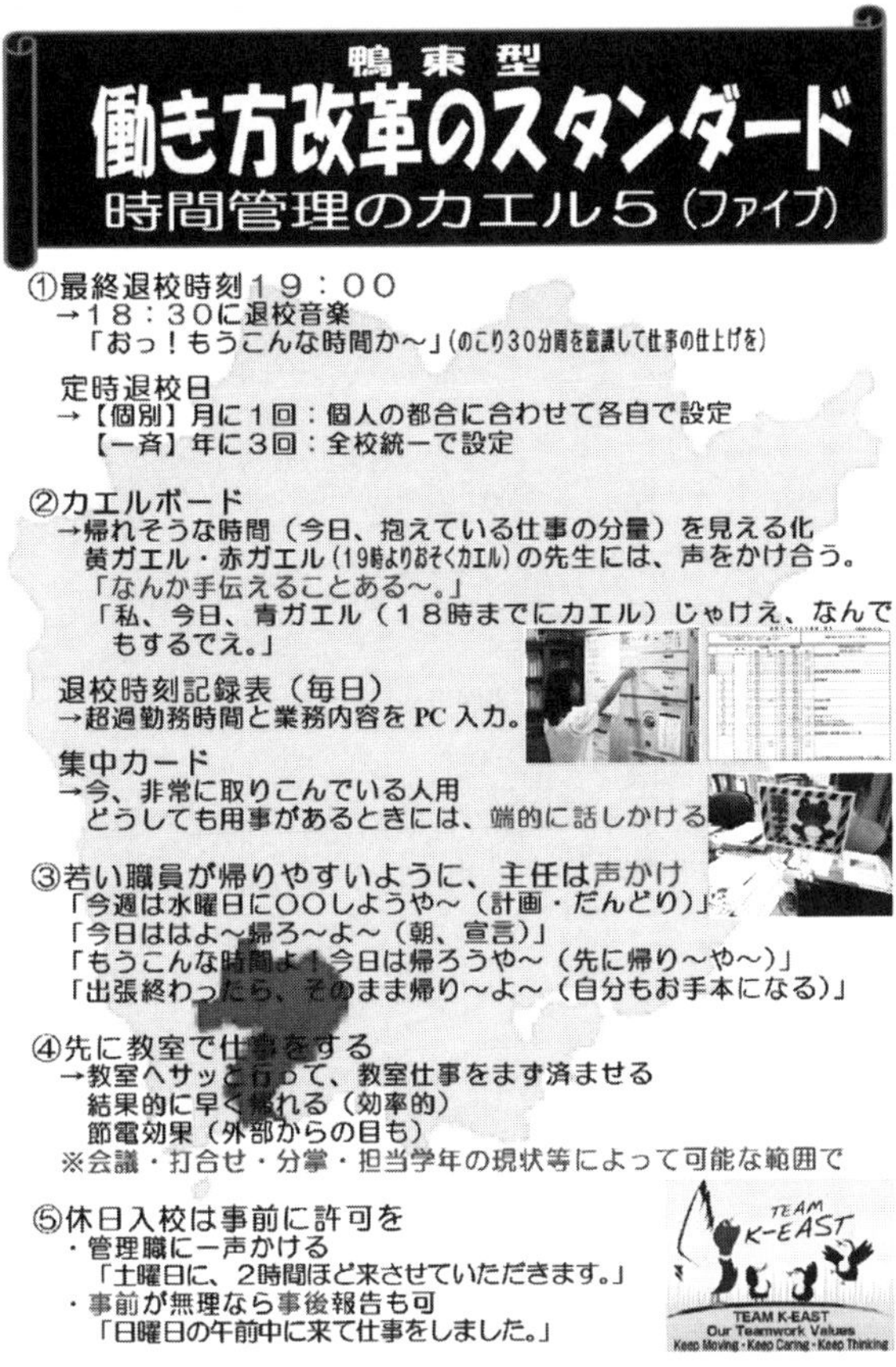

①最終退校時刻１９：００
→１８：３０に退校音楽
「おっ！もうこんな時間か～」（のこり３０分間を意識して仕事の仕上げを）
定時退校日
→【個別】月に１回：個人の都合に合わせて各自で設定
【一斉】年に３回：全校統一で設定
②カエルボード
→帰れそうな時間（今日、抱えている仕事の分量）を見える化
黄ガエル・赤ガエル（19時よりおそくカエル）の先生には、声をかけ合う。

「なんか手伝えることある～。」

「私、今日、青ガエル（１８時までにカエル）じゃけえ、なんでもするでえ。」

退校時刻記録表（毎日）
→超過勤務時間と業務内容を PC 入力。
集中カード
→今、非常に取りこんでいる人用
どうしても用事があるときには、端的に話しかける
③若い職員が帰りやすいように、主任は声かけ
「今週は水曜日に〇〇しようや～（計画・だんどり）」

「今日ははよ～帰ろ～よ～（朝、宣言）」

「もうこんな時間よ！今日は帰ろうや～（先に帰り～や～）」

「出張終わったら、そのまま帰り～よ～（自分もお手本になる）」
④先に教室で仕事をする
→教室へサッと行って、教室仕事をまず済ませる
結果的に早く帰れる（効率的）
節電効果（外部からの目も）
※会議・打合せ・分掌・担当学年の現状等によって可能な範囲で
⑤休日入校は事前に許可を
・管理職に一声かける
「土曜日に、2時間ほど来させていただきます。」
・事前が無理なら事後報告も可
「日曜日の午前中に来て仕事をしました。」

②「カエルボード」で帰れそうな時間や抱えている仕事の分量を見える化する、「集中カード」で集中している事を周囲へ表明する
③若い職員が帰りやすいように主任は声掛けを行う
④先に教室で仕事をする（教室仕事をまず済ませる）
⑤休日入校は事前に許可を得る

これらを時間管理のカエル5（ファイブ）としてまとめました（図5－3）。

環境改善の面では、職員室をもっと生産的で創造的な場所にするために、理想の職員室について教職員にアンケートを取りました。その結果は、1位が「スッキリ」（ものを減らす）、2位が「コミュニケーションがとれる」、3位が「明るい」でした。

ここでさらに鴨方東小では、**児童にも「職員室改善のアイデア」についてのアンケートを取りました。**その結果、「つくえの上の紙などファイルをかたづけてほしい」「ものがすこしぐちゃぐちゃしてるから、もっときれいにしてくれたらうれしい」「少しさわがしい時があるから、もう少し静かにしてほしい」など、児童だからこその率直な意見が寄せられました。

このようにして、職員室のコンセプトを決定し、コクヨ山陽四国販売株式会社に図面の作成を依頼し、保護者、地域の方、教職員40名がかりでレイアウト変更を行い、床の磨き上げを行いました。教職員も児童も嬉しい職員室が出来上がったのです。

ＰＴＡや地域の方、さらに児童にまで積極的に意見をもらうという行動は敷居が高いことではありますが、安田隆人校長、小田真一教頭、谷野善則働き方改革担当教員が積極的に学校外から意見を聞き、教職員が授業の質を高めるための時間を確保できるよう取り組みを行った結果、**1日当たりの平均残業時間は最大32・4％減少しました。**そして地域と連携協働した教育活動による成果により、**2017年度文部科学大臣優秀教職員表彰教職員組織の部を受賞しました。**対象は全国の国公私立学校の教職員組織（活動期間1年以上）ですので、これがいかにすごいことか伺えるでしょう。

鴨方東小の働き方改革を、安田校長はこう振り返ります。

目指す子どもの姿を共有し、その実現に向け3つの改善に地域や保護者、企業、そして子どもの意見も取り入れることで教員の意識も変容し始め、結果として時間外勤務の縮減につながりました。改めて地域の力は凄い、可能性に満ちている、そして「チーム学校」とは、「地域や保護者の方を含めたチーム」なのだということを実感しました。

年度末に、教職員対象に実施したアンケートを見ると、ワークの面での時短や意識改革への成果は高いのですが、ライフの面は比較的低く、充実とまでには至りませんでした。だからこそ持続可能な仕組みで継続して取り組んでいくことが大切であると思います。その仕組みが、コミュニティ・スクールと地域学校協働活動の一体的推進ではないかと思います。

鴨方東小学校の成功ポイント

①ＰＴＡや地域住民とのカエル会議の実施
②目的と時間帯効果を明確にしたうえで学校行事を厳選
③ＰＴＡ、地域住民、児童の意見を反映した働き方改革

本書での解説は割愛しますが、岡山県の働き方改革では、この他にも数々の素晴らしい事例がありました（高梁市立高梁小学校、玉野市立八浜中学校など）。

図 5-4　岡山県浅口市立鴨方東小学校の働き方改革

※2017 年度　岡山県教育庁モデル校

- PTA 役員と地域住民とカエル会議を行い、理想の学校や目指す子供像を決定。
  とんど祭り、サマーキャンプ、地区懇談会、音楽朝会、草とり集会、親子体験教室などの行事を削減。
- 草取り、校内の活花管理、ワックスがけ、休み時間の校内パトロール等の主体を学校・教師以外に移行。
- 時間改善プロジェクトで「時間管理のカエル 5」を作成。
- 会議ルールを策定、終礼黒板とタイマーを活用し、平均時間は 5 分 6 秒!!
- 保護者、コクヨの協力を得て、職員室のレイアウト変更を実施。

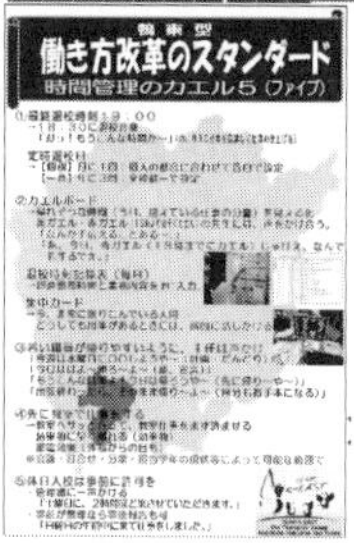

【児童の声（アンケート結果より）】

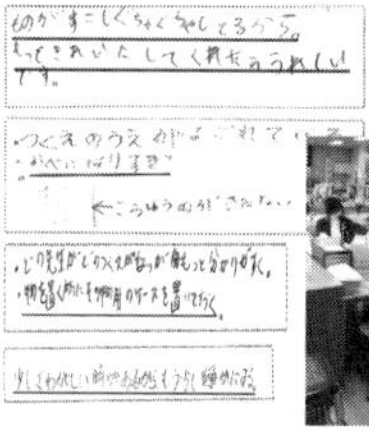

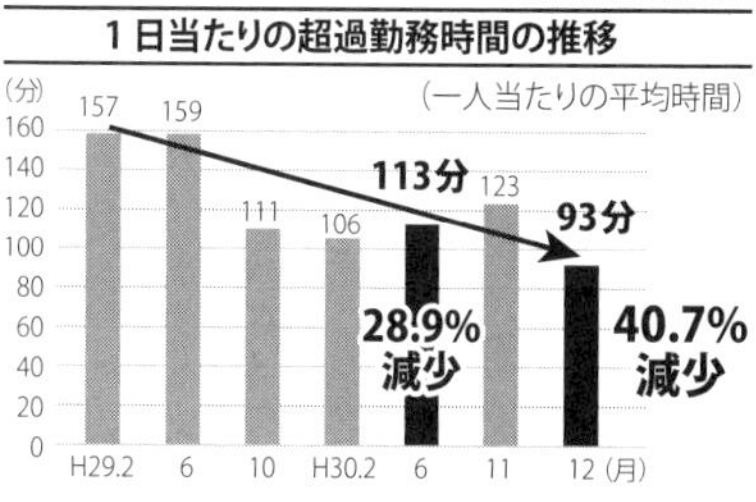

1 日当たりの平均残業時間が最大 40.7%減少 !!
地域と連携した教育活動による成果で
「2017 年度文部科学大臣優秀教職員表彰
教職員組織の部」を受賞 !!

岡山県の働き方改革を振り返り、冒頭でご紹介した大河原さんはこう語っています。

紙面からも伝わってくると思いますが、カエル会議に加わったり、それに向けた打ち合わせをしたりする中で、先生方が、柔軟な発想やたくさんのアイデアをもたれていることに気付きました。その発想やアイデアを最大限生かすために大切なことが2つあります。

1つめは「管理職がぶれないビジョン（理想の学校像・教職員の働き方像）をもち、それを自身の言葉で語れること」「トップダウンとボトムアップの両方が有機的に機能する組織であること」です。

取り組みがうまくいった学校の共通点は「カエル会議で立場や役職に関係なく、ざっくばらんに意見が出て、笑顔が絶えないこと」でした。

2つめは「学校が安心して取組を進めるための教育委員会の支援」です。

教育委員会が大きな方針や方向性を示すことで、保護者・地域等からの反発や苦情等に対する防波堤の役割を果たすことができます。また、自治体の規模に応じた物的・人的環境整備や好事例の収集・発信等を通して、教員が本来業務に集中することが可能になります。

現在、私は、町の教育委員会に勤務しており、当時と状況は異なりますが、教員採用試験倍率の低下、教員が配置されない状況等、学校・教職員がおかれている状況は当時に比べて悪化していると思います。

教育に携わるすべての人と現状を共有し、保護者・地域等の理解や協力を得ながら、学校現場の働き方改革の実現を目指して、これからも実践を積み重ねていきたいです。

◆具体事例③　埼玉県伊奈町教育委員会

教育長が先頭に立ち、教師が子どもと向きあう時間の確保に貢献

埼玉県では2017年から北足立郡伊奈町が、高瀬浩伊奈町教育長の下、文部科学省・埼玉県教育委員会の委託事業に積極的に参加し、モデル地域として、「子供たちの笑顔があふれる学校（魅力ある教職）」を実現するために、削減と充実の二つの観点で働き方改革に取り組みました。

特に、カエル会議については、2017年は伊奈町立小室小学校と小針中学校の2つのモデル校で、2018年からは町内すべての学校において、さらに2019年からは保護

者や地域住民も加わってカエル会議を行い、働き方改革に取り組んでいます。
高瀬教育長は参加した理由について、次のように語っています。

伊奈町では、子どもたちの自立を目指した教育活動を大切にしようと働きかけてきました。そのためには、学校の管理職や教職員がまず自立的に育っていかなければならないと考えました。そのことを進めるためには、教育長や校長など指導的な立場にある者が、明確で強いメッセージを発していかなければなりません。

伊奈町の先生方は皆熱心であり、教育効果をあげていましたが、その一方で、業務の負担感を訴える教員も増えてきており、このままでは教員は疲弊し、教育の質が低下してしまう恐れがある、改善・改革をしなければならないと思いました。

子どもたちと向き合う時間を確保し、教員が本来業務に携わり、教育の質の向上を図るために、働き方改革を進めなければならないと強く思ったからです。

高瀬教育長が先頭に立って始めた働き方改革ですが、小針中学校に私が初めて訪問をした際、教員の一人が教室に入ってくるなり、「働き方改革は部活動がなくならないと無理でしょ」と言い、初めて小室小学校へ訪問した際には「田川さん、学校と民間企業は違うんですよ」と言われ、まったく歓迎されていない状態でのスタートでした。

業務の目的と手段を見直し、子どもと向き合う時間を確保

小室小では、カエル会議を始めて2か月程度は、教職員から管理職や教育委員会に対応してほしいことばかりが意見として寄せられていました。

小室小教頭（現在は上尾市立平方北小学校校長）の中島晴美先生は当時を振り返り、「当初は、カエル会議を開くことにも反対意見が出たり、ボトムアップよりトップダウンで大きな改革をするべきだという考えが強くあり、自分たちで自分たちの働き方を見直すという思考へのシフトチェンジへ導くことに苦心しました」と語っています。

大変な状況ではありましたが、中島先生をはじめとした管理職が教職員から寄せられた意見を一つ一つ丁寧に、かつ迅速に対応することで、「カエル会議の見返りは何ですか？」と私に聞いていた教職員が、自分達でできることは何かと考えるよう変化し、それまで例年通り行っていた業務の目的を改めて確認をするようになりました。

私が一番印象的だった小室小のカエル会議は「家庭訪問を続けるかやめるか」という議題です。それぞれの仕事の目的を確認した際に、「家庭訪問の本来の目的は何か?」を確認しました。本来の目的を見失っていないか、もし達成できていないのであれば、やり方を変える必要があると考えたためです。

そこで5月の時期に、学級づくりと家庭訪問にかける時間を比較し、学級づくりの時間が重要であると認識を揃えました。しかし、家庭訪問の目的である、直接保護者との情報交換をすることや、万が一に備えて自宅を確認することも必要であることから、個別面談に変更し、保護者には個別面談の待ち時間に学区を拡大した地図に自宅の位置をマークするようにお願いしました。これにより、家庭訪問の良さを残しながら、重要である学級づくりにより十分な時間をかけることができるようになりました。

その他にも留守番電話の設置、集中タイム、硬筆、体育大会、水泳の指導時間、回数の見直しなど、さまざまな取り組みを行った結果、2019年6月の時間外在校時間は2017年同月と比較して13%減少しました。前述した「カエル会議の見返りは何ですか?」と私に聞いていた教職員は「だいぶ楽になりました」という感想を寄せてくれたのも嬉しい変化でした。

そして最も注目したいのは、教職員のアンケートで「子どもと向き合う時間の確保が十分されている」と答えた教職員の割合が37・5％から70・8％へと2倍近くに増えた点です。働き方改革で「退勤時刻が早くなると、子どもと向き合う時間が減る」と言われることがありますが、実際は雑務等が多く、向き合う時間がまったく取れていないのが現状です。日本は他国との比較においても、勤務時間は長いけれども、授業にかける時間は他国よりやや少ないというデータが出ています。さまざまな業務の目的とやり方を見直したことで、子どもと向き合う時間が確保できたというわけです。

小室小の働き方改革を進めた中島先生は次のように語っています。

先生方の業務改善のアイデアを即実行することで、先生方がその手応えを感じ始めました。すると、カエル会議が楽しくなり、先生方の素晴らしいアイデアが溢れるように出てきました。業務改善に本気で取り組むことで、管理職も含め全職員が一体となる感覚も芽生え、学校全体のチーム力も高まり笑顔も増えたと感じました。

この経験を生かし、私は現任校でも「紙面カエル会議」を取り入れ、全教職員で進める業務改善を推進しています。今年度は業務改善主任を配置し、その主任のリーダーシップで「リアルカエル会議」も短時間で開かれるようになりました。現在33の改善策を実行しています。

そのことが本校でも子どもたちの学力向上やその他さまざまなところで成果として出てきています。学校の努力だけでは大きな時間の削減は難しいですが、本校では「微差は大差」を業務改善の合言葉として、改善の目を持ち続けていきたいと思います。

伊奈町全体では、埼玉県学力・学習状況調査にて学力を伸ばした児童生徒の割合が平成29年度から3年連続で増加しました。高瀬教育長はこれまでの取り組みを通じて、次のように語っています。

当初、拠点校であった小室小を訪問した際、カエル会議の中で、教育委員会に聞かないと変えられないと思っていた教員が、それを質問し、その後教育委員会で前向きに受け止め、改善に向けて取り組んでいきました。教員の中で、自分たちの意見が取り入れられ、働き方改革を実感したきっかけになったのではないでしょうか。

その後も、ボトムアップ型の取り組みが進められていますが、学校、教員の主体的で自

図 5-5　埼玉県伊奈町立小室小学校の働き方改革

※埼玉県教育委員会拠点校

子どもとじっくり向き合える学校	
放課後業務の削減による時間の創出	働き方に対する教職員の意識改革
・留守番電話の導入 ・集中タイム ・家庭訪問の廃止 ・行事の見直し ・特別日課の実施 ・諸表簿の電子化 ・硬筆、体育大会、水泳指導等の指導時間回数の見直し	カエル会議の実践 退勤目標時刻の設定 環境整備（職員室のレイアウト） 会議や打ち合わせの時間短縮

勤務時間外在校時間の平均（時間）※休日も含む

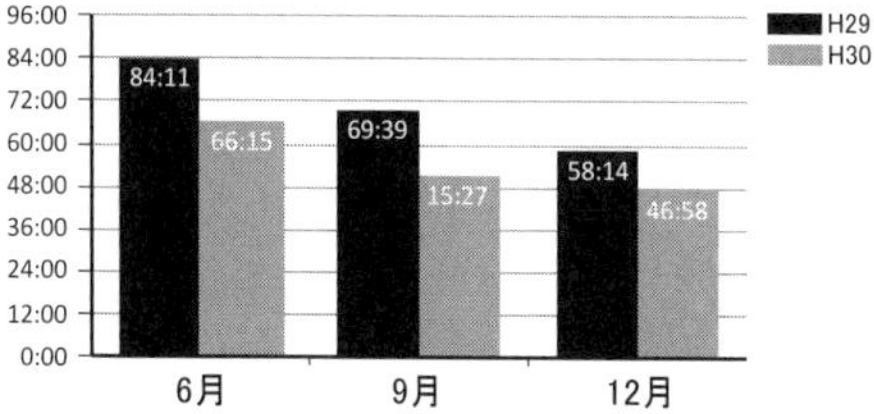

カエル宣言

質問内容	第1回	第3回
(学校は)子どもと向き合う時間の確保が十分されている	37.5%	70.8%
教材研究や授業準備に必要な時間が取れている	12.5%	44.0%
業務を見直し、改善が図られている	37.5%	91.7%
会議の効率化が図られている	25.0%	87.5%

教職員対象アンケート調査より（平成 29 年 6 月・平成 30 年 2 月実施）※本アンケートは 4 件法で行い、「あてはまる」、「少しあてはまる」という回答をまとめている。

業務の見直し・削減と、スクール・サポート・スタッフの活用により、教職員の事務負担感の軽減が図られ、**時間外在校時間が減少！** カエル会議の実施により、教職員の業務の在り方に対する目的意識が高まり、ゆとりを持って子どもと向き合えるようになった。

立的な取り組みこそがねらいであり、伊奈町の教育文化として大切にしていきたいと思います。

一方、働き方改革を毎年度継続していく中で、ボトムアップ型でＰＤＣＡサイクルを回して行うカエル会議も、時々課題に遭遇することがあります。時間外在校等時間の削減だけが目的になったり、年度が進むにつれて教員の異動があり働き方改革の真の目的が共有されなかったりしたときに、問題が浮き彫りになります。カエル会議で大事にしたい「具体的な目指す学校像」を全教職員で付箋を使うなどして熟議し、共有を図る作業を大切にし、考えがぶれたときにはここに立ち返って協議する、このようにして、「教育の質の向上」を目指すことが大切です。

これからの変化が激しく先行き不透明な時代において、子どもたちは人として、教員は教師として、その時代を生き抜くことができるようにするためにも、子どもたちと向き合う時間の確保を目指した働き方改革に取り組んでいきたい。

すべての学校が子供たちと向き合う時間を確保しようと努力をしますが、時間外在校等時間を増やしたとしても、必ずしも子どもと向き合う時間が増え、学力が向上するとは限りません。業務の目的を改めて確認し、より教育効果のある方法に変えることで教育の質が高まっていくのです。

伊奈町教育委員会の成功ポイント

①教育長が先頭に立ち、町内すべての小中学校でカエル会議を実施
②業務の目的と手段を見直し、重要な業務に時間をかける
③雑務を減らすことで子どもと向き合う時間を確保

学校でも活かせる！「生産性」意識が変わる人事評価制度

本章の最後に、弊社が2018年から働き方改革コンサルティングを提供している住友生命保険相互会社の事例をご紹介します。なぜ、ここで一般の民間企業の働き方改革事例を紹介するかというと、教職員の労働時間の把握、仕事のコントロールという面で、大いに参考になる事例だと考えるからです。

住友生命保険相互会社の働き方改革における一番のポイントは、人事評価に「生産性ポ

イント」を導入した点です。つまり、「成果」と「かけた時間」の両方で人事評価を行う制度です。

たとえば、図5-6を見ると、「成果」の面から、AさんとBさんはそれぞれ10点、9点という評価がなされています。しかし、それだけで評価を行うのではなく、その成果を出すために「かけた時間」（総労働時間）を加味して考えます。

この時、Aさんは時間をかけすぎているとみなされ、生産性ポイントがマイナス1点となっています。一方のBさんは、短い時間でできているとみなされ、プラス1点となっています。この結果、AさんとBさんの最終評価は逆転しています。

このように「短い時間で高い成果を出している人」をしっかりと評価する仕組みを導入したのです。

学校においては、給特法の影響により、管理職が教職員の労働時間を把握しない、仕事量をコントロールしないといった状況が当たり前となっています。このため、仕事を取捨選択する、費用対効果で考えるといった視点が抜け落ち、毎年行っている仕事や地域からの依頼を、断ることなくすべて受け入れてしまっています。

一方、民間企業では、部下の時間管理はもちろん、どんな仕事に取り組ませるかなど、

図 5-6　住友生命保険相互会社 ～人事評価に「**生産性評価**」導入～

評価制度に「時間当たり生産性」の視点を入れ、
「成果」と「かけた時間」のバランスで評価する制度へ

	部下に対する評価	所属長に対する評価
評価の視点	●成果と時間のバランスで評価 →限られた時間のなかで、質の高い仕事をし、成果を出している職員を評価。 →同一の成果であれば、時間が短く効率的に働いている職員を評価。 →時間が長くとも新たな創造に繋がるような成果を出している職員、所属の業績に大きく貢献している職員を評価。 （ただし、原則として一定時間を超えた場合は評価しない）	●所属のパフォーマンス向上を評価 →チームのメンバーの能力を最大限引き出し、所属のパフォーマンスを上げている所属長を評価。 →特定の職員への仕事の集中や長時間労働を前提にパフォーマンスをあげている所属長は評価しない。 ●成果と時間のバランスで評価 （部下に対する評価と同様）

部下に対する評価の例

	成果			かけた時間				
	業績評価	行動評価	合計	月平均総労働時間	生産性ポイント	合計	順位	所属評定
Aさん	5点	5点	10点	200時間	**−1点**	9点	2 ↘	Ⅳ ↘
Bさん	4点	5点	9点	180時間	**+1点**	10点	1 ↗	Ⅴ ↗
Cさん	4点	4点	8点	190時間	±0点	8点	3	Ⅲ
Dさん	3点	3点	6点	190時間	±0点	6点	4 ↗	Ⅱ ↗
Eさん	4点	3点	7点	210時間	**−2点**	5点	5 ↘	Ⅰ ↘

●従来の業績・行動評価（それぞれ5～1点）に加え、**成果獲得に向けて投入した労働時間に応じて業績・行動評価の得点を調整する「生産性ポイント」を導入。**
●所属長は生産性向上に向けたリーダーシップの発揮ならびに取組みを評価し、**賞与の支給ランクに反映**させることで、部下の時間当たり生産性を意識させる仕組みを構築。

部下の労働環境をよりよくすることも管理職の仕事の一つとされています。

したがって、学校の管理職も、教職員の時間管理はもちろん、教職員の労働環境を改善し、適切な労働時間で質の高い教育を提供するといった視点をもって学校づくりを行う必要があります。

本事例を学校でも活かすのならば、たとえば「同ランクの被評価者がいる場合は、平均残業時間が短いほうを高く評価する」「月間残業時間80時間超の教職員がいる場合、管理職の評価が下がる」など、「短い時間で成果を出している教職員・管理職を高く評価する」ルールを整備するのがよいでしょう。

子どものために、仕事を「断る・減らす・なくす」勇気を持つ

今回ご紹介した静岡県、岡山県、埼玉県の働き方改革のいずれも、そのスタートは各県にいる一人の職員が立ち上がったことがきっかけでした。

事例紹介の中では、最終的には好意的に受け止めてくれる方も多かったと話しましたが、当初は「働き方改革がストレスだ」「やりがいを感じているんだから余計なことをし

ないでくれ」など、さまざまな反論や抵抗を受けたことも事実です。

本書を読んだ方の中には、働き方改革の取り組みを行っていても、思ったように進まず、いっそあきらめようかと思う時もあると思います。ですが、反論や抵抗を乗り越えて続けていけば、必ず働き方は改善し、ご自身や教職員だけでなく、子どもたちにとっても働き方改革に取り組んで良かった！　と思える日が必ず訪れます。

教職員の仕事は子どもたちの人格形成に関わり、豊かな心や感性を育み、社会貢献をする人材を育てることを通じて、日本の未来を創る仕事と私は考えています。一方で、このような尊い仕事をしている教職員の皆様が長時間労働により心身の余裕がなくなり、ご自身が学ぶ時間を取れない状況を非常に心苦しく思っています。

日々、膨大な仕事量を抱えている教職員の方々には「特殊な仕事なので残業は仕方がない」とあきらめるのではなく、「本当にやるべき仕事は何か」を考え、学校外から依頼される業務を含めて、「断る・減らす・なくす」を率先して行い、教育の質を高め、より良い日本の未来を創るための働き方改革を期待しています。

第6章
給特法の「これまで」と「これから」を考える座談会

金井利之
内田良
小室淑恵

ここまで、教師の長時間労働の根本原因となっている「給特法」が、いかに時代錯誤な法律であるかを見てきた。

しかし、そうであるならば、なぜ給特法は今日まで存続してしまったのか。

そして、この制度をどう社会全体で捉え、変えていくべきなのか。

本書の最後に、より深く給特法の問題を考えるために、給特法の見直しについて初めて審議が行われた、2006年からの中教審「教職員給与の在り方に関するワーキンググループ」の委員を務めた、東京大学大学院法学政治学研究科教授の金井利之氏を招き、内田良氏、小室淑恵氏とともに行った鼎談の内容を掲載する。

給特法が生き残った経緯

内田　本日は、金井利之さんを囲んでの鼎談企画となります。司会の内田良です、どうぞよろしくお願いします。

金井　東京大学大学院法学政治学研究科で教員をしています、金井利之です。

小室　株式会社ワーク・ライフバランスの小室淑恵です。よろしくお願いします。

内田　金井さんは、給特法見直しについて初めて審議した、２００６年からの中教審「教職員給与の在り方に関するワーキンググループ」の委員であられました。もともと給特法に関心をお持ちだったということでしょうか。

金井　専門は自治体行政学です。もともとは公立学校教員給与に関心がありました。公立学校教員の給与は、教特法（教育公務員特例法）によって、国立学校教員の給与に準拠することになっていました。今、問題になっている１９７１年制定の給特法（公立の義務教育諸学校等の教育職員の給与等に関する特別措置法）は、教特法の特別法です。教特法のうえに給特法は建っているという構造です。

しかし、２００４年に国立大学が法人化したことで、当の国立大附属小中高校教員が教特法の適用を外れ、労基法に一本化されてしまいました。このときに、公立学校教員の給与は依って立つ根拠を失ってしまったんです。そんな公立教員の給与体系が、この後どうなっていくのかということに関心がありました。

小室　本当は、そのタイミングで公立も給特法をやめて、労基法準拠に変わっていたら、話が早かったかもしれません。

金井　実際に２００６年からの議論はその可能性も含んでいました。しかし、二点問題がありました。ひとつは当時、「教員勤務実態調査」を行なったところ、思った以上に教員の勤務時間が長いとわかり、公立教員にそのまま超過勤務手当を支払うことは、財政的に容易ではないことが明らかになりました。そのために、まず勤務時間を減らすことが先決だと考えられました。しかし、給特法の存在自体が、勤務時間削減を行うメカニズムを失わせるので、袋小路に陥ったのです。

内田　２００６年度の調査は、教職調整額４％の根拠となった１９６６年度の調査以来、40年ぶりに行われた調査です。以降、２０１６年度、２０２２年度と実態調査が行われて、今に至ります。

教員は「定額働かせ放題」を30〜40年も先取りしていた

金井　もう一点は、当時、次のような考えの人もいたということです。労基法の世界でも、１９９０年代後半から「フレキシブル化」、つまり時間管理を曖昧にする方向での動きがありました。その中で、それまで時間管理がフレキシブルであった教員だけ、時間管理を再導入して、超過勤務手当支給に戻すのは「時代」に逆行するのではないかということです。

小室 どういうことですか？

金井 あの頃、小泉構造改革の一環で、時間ではなく業績で評価するんだ、結果で評価するんだという傾向がありました。例えば、民間でも裁量労働制とかホワイトカラー・エグゼンプション、最近だと高度プロフェッショナル制度と呼ばれていますが、そういった「定額働かせ放題」の導入が始まりました。また「名ばかり管理職」「名ばかり店長」、個人事業主化にしてもそうです。給特法はそういった制度を30年も40年も「先取り」していたわけで、給特法を廃止するということはその流れに逆らうことになると。

内田 当時そんな意見があったとは、初めて知りました。

加えて、金井さんは「生産性」という言葉についても独特の見解を示されています。通常、生産性といえば、サービスを労働時間で割って、いかに効率よく働くかということをさすと思いますが、使用者側から言えばそうではないと。

金井 1990年代以降の日本経済全体の話ですが、要するに、賃金を同じにしたまま長時間働かせれば「生産性が高い」という発想になってしまったということです。あるいは同じ時間働かせるのだったら、単価、つまり時給を下げればいいという話になってしまいました。一種の「労働破壊」というような状態になったわけです。正規から非正規への切り替えも同様です。

それで何が起きたかというと、長時間労働と低賃金です。それが結果的にはデフレ等の経済没落を招いてしまった。企業の生き残りのために人件費の削減が必要だと経営陣は考えたわけですが、個別企業の生き残りにはなったかもしれませんが、経済全体は沈没してしまったということです。

内田　学校でも正規教員一人を雇う代わりに非正規教員を二人雇った方がよいという発想があります。

金井　要するに、単価を切り下げることしかずっとこの国は考えてきてないということです。給特法の発想も、超過勤務手当なしで長時間働かせれば、単価切り下げに役立つということです。

小室　若い教員の方と話をしていると、「給特法というのは教員の仕事が特別で、その特殊性を守るために作った法律だから残すべき」とおっしゃる方もいます。しかし実際は、当時労働時間に関する訴訟が増えて、そういった裁判に国が負けないために定額働かせ放題の法律を作ったにすぎないということですよね。

金井　おっしゃる通りだと思います。教員が「特殊」だとすれば、先取りして労働破壊を受け入れるくらい、教員は世間知らずの「特殊」な人たちだったということです。労働経済の論理を知らないから、一般労働者よりも40年くらい早く「やりがい搾取」の「定額働かせ放題」になってしまったということで、労働者意識が低いということです。ただ、実態としては今の社会全体に溢れている単価切り下げの呪縛にはまっているというだけのことですから、そういう意味でまったく「特殊性」はないわけです。

小室　さっき金井さんがおっしゃった、給特法は裁量労働制みたいなものというのはまさにそうで、民間においても裁量労働制の対象になっている人も「あなたたちは特別だよ、裁量があるんだよ」とセットで言われると、騙されてしまうんですよね。

子どものために「経済的合理性を無視して働く」先生たち

内田　今後、給特法を維持したまま教職調整額を4％から8％に上げましょうというような方向性がありうるわけですが、それについてはどう思いますか？

金井　先ほど小室さんも触れられましたが、結局給特法というものは、1960年代に超過勤務手当を求める訴訟があり、それでもめたので、訴訟をなくすために作った法律です。そのときに、それまでよりはちょっと給与が増える、というような解決金、つまり「摑み金」を握らせたということにすぎません。

内田　本質的な解決ではなく、摑み金で解決したということであれば、今後調整額を上げるというのもそれと同じことになりますね。

金井　教職調整額が摑み金じゃないということであれば、せめて毎年あるいは何年かに一度、勤務実態調査をして、それと連動して、人事院勧告または人事委員会勧告により、教職調整額の割合を更新しなくてはならなかったはずです。今の4%というのは、もはやその数字に根拠はなくて、今後、摑み金で8%になったとしても、その数字に根拠はないことになります。結局、給特法では、勤務実態調査を継続的に行わないまま、行政の怠慢を許したということです。

内田　調整額が固定化されたために、使用者側に残業を把握する必要がなくなり、長年勤務実態調査が行われなかったというのは、非常に重要なメッセージです。本当はこまめに調査を行って、それに合わせて調整額を変えなければいけなかった。

金井　給特法で超過勤務命令が可能な「四項目（生徒実習、学校行事、職員会議、非常災害等）」以外、超過勤務は存在しない「はず」という法律の建前が、虚心坦懐に勤務時間を調査することをやめさせたというわけです。

内田　教職調整額を年次変更すれば問題は解決するでしょうか。

金井　それはあくまで給特法の立法趣旨としてはそうあるべきだったということです。しかし、これでは長時間労働に合わせて給与が増えるだけなので、働かせすぎを抑制するためには、全然効果がないです。金払うんだから長時間働け、ということになりますから。

内田　そのほか、調整額の増額案に何か問題はありそうでしょうか。

金井　仮に、勤務実態調査で明らかになった超過勤務の総量に合わせて教職調整額を上げるとすると、全教員同じように上がるわけです。そうすると、例えば、ある学校で一生懸命マネジメントして教員を働かせないようにする校長がいたとしても、他に無能な校長がいて残業し放題の学校があると、結局全体として超過勤務も調整額も減らないということになります。つまり、真面目にマネジメントする方が損だとなります。学校の管理職に、超過勤務を減らそうというやる気が生じません。

また教員側からすれば、自分が働こうと働くまいと調整額がプラスされるのであれば、周りには働いてもらって自分は働かないというのが一番いいわけです。経済学的な合理性から見ればそういうことになる。この場合には、給特法による教職調整額は、各教員は勤務時間を短くしようとするインセンティブが、教員個人には働くはずです。

内田 ところが、経済学的な論理と関係なく、学校では「子どものために、お金や時間に関係なく働く」ことが美徳とされてきました。

金井 理屈上は教員個人としては教職調整額をもらって働かないというインセンティブが働くにもかかわらず、現実には多くの先生方はそうならないので、教員は、経済学が想定する合理的個人ではないらしい。その意味では「特殊」です。ともあれ、教員の行動原理の実態に従って、制度を変えなければなりません。

「曖昧な評価しか存在しない」から仕事が増える

内田 ところで、賃金が固定されない場合、給料にメリハリをつけて労働を「評価」するという発想にもなります。金井さん、小室さんは、教員の労働の「評価」について、どのようにお考えでしょうか？

金井　評価の話と時間管理の話は、別次元で、評価に関連する給与は、まずは勤勉手当や昇給昇格の話です。評価によって超過勤務などの時間管理が不要になるわけではありません。超過勤務手当の話を評価の話と混同することは適切ではありません。

小室　結局教員というのは、普通の企業において存在する「評価」というのが付けられていないんですね。民間企業においては、このプロジェクトをどう遂行するか等で、できる・できないがはっきり評価される。一方、先生方は遅くまで頑張ってくれているよねといった曖昧な評価です。すべてをフワッと評価されている中で、来年担任を持てるかどうか等が管理職に決められると思うと、すべての仕事を断れません。

内田　評価がほとんどないというのは管理職も同じですよね。

小室　はい、管理職は逆に言うとペナルティがない。働き方改革を進めなくてはと迫られることもないですし、また教員からの評価、３６０度評価のような下からの評価というものがない。民間だと、管理職が部下からも評価されるのは当たり前なんですよね。

内田　民間の働き方や労基法は今変わりつつあるという捉え方でよいでしょうか。

小室　私が給特法を廃止して労基法と合わせるべきだと思う最大の理由はそこです。労基法はまさにこれからどんどん進化するタイミングなんですよね。11時間の勤務間インターバル義務化も恐らく労基法に入ってきます。でも教員は給特法という別のところにいるので、一緒に改善していかない。教員だけがいつも違うカゴの中で、そのうえそれを変えるのが労基法よりも難しい、どんどん遅れがちになるというのが今の構造です。労基法が変わっても、一回民間がやった議論を10年遅れくらいで教員のためにもう一度する、しかも適用されない、ということをずっと繰り返すことになります。

内田　金井さんに伺いたいのは、教員の中には、労基法適用になっても残業代は予算の枠内でしか支払われないから、どうせサービス残業を求められるという発想です。それについてはどう思いますか？

金井　予算がなくなったら本来は補正予算を組まなければなりません。予算を増やさないのであれば、仕事を減らさなければいけないということです。超過勤務手当の考え方はそういうことで、超過勤務命令をした以上はちゃんと給与を払え、給与を出さないんだったら働けと言えないでしょうと。

アメリカなんて非常にシンプルですよね、予算がなくなったら窓口を閉鎖するわけです。それが日本の教員も役人も労働者も、自分が仕事をしないとみんなが困るでしょうと勝手に忖度してしまう。政治家や経営者は、役人や労働者や教員の「使命感」につけこんで、自分の経営管理能力がないのに、役人とか労働者とか教員とか、給与がなくなっても働くだろうと足元を見ているわけです。

また、予算というのは要するに、超過勤務手当とか人件費の範囲内でしか働いてはいけないと決めていることです。国民・住民が決めた以上に働くというのは、民主主義に反するのですよ、本当は。国民・住民が決めた以上に、勝手に長時間働くのが、「生産性」が高くて、いいことだと思っているわけですけど、公務員が国民・住民による授権以上に動いているということは、本来あってはならない。にもかかわらず、それを国民も住民も認めてしまっている、もしくは期待してしまっている点で、何とも根が深い問題だと思います。

「無償の報酬を要求する社会」から脱却せよ

内田　今日の鼎談を通じて、改めて、実際に働いたことに対価がちゃんと支払われることの重要性を認識しました。そろそろお時間となりました。最後に金井さん、小室さんのお二人からご発言をいただいて、終わりたいと思います。

金井　西村祐二さん、内田さん、小室さんの給特法廃止を求める動きは、教員の問題に限らず、社会全体のアンペイドワーク（賃金不払い労働）を改めるプロジェクトの一部を担うものだと理解しています。

最初に述べたように、「定額働かせ放題」はすでに社会全体に広がっています。もっと酷いところになると、実質バイトなのに個人事業主化されてしまい、いつでも仕事打切り（クビ）もでき、成果が上がらないと「ゼロ円働かせ放題」なんてケースが現にある。また、「定額働かせ放題」の正規教員も大変だけれども、非正規教員はもっと大変だよね、なんて声が聞こえてくるかもしれません。でもそんな風に、働く人の間で、どっちが有利だとか足を引っ張りあっていてはダメで、みんなで底上げするように社会全体の公平分配を実現しましょうということです。

教員の皆さんの取り組みはその一つの突破口であって、運送業界とか医療従事者とか非正規・ワーキングプアの働き方を含めた、多面的な広がりとなる可能性を感じます。現職教員である西村さんや、日本若者協議会の室橋祐貴さんを含めて、皆さん手弁当でやってるわけですが、今後は労使の全国組織などにも動いてもらい、より大きなプロジェクトに繋がるべきだと、そういった意義を感じます。

小室　今日は、社会全体を俯瞰して見つめることの重要性を再確認しました。すべての労働は繋がっていて、部活動顧問の問題にしても、教員に無償の奉仕を要求してしまうと、他国だとスポーツ選手のセカンドキャリアとして子どもたちに競技を教えることが仕事として成り立つわけですけど、日本ではそれが難しくなってしまう。誰かに無償で乗っけられるゾーンを作ると、社会全体の歪みを生んでしまうということです。

みんなで我慢して全体で沈んでいくのではなく、こんな風になってしまっている社会を今、一緒に立ち上がって変えていければと思いました。

内田　本日はどうもありがとうございました。

【金井利之氏　略歴】

東京大学大学院法学政治学研究科教授。1967年、群馬県生まれ。1989年、東京大学法学部卒業。東京大学法学部助手、東京都立大学法学部助教授などを経て、2002年より東京大学大学院法学政治学研究科助教授。2006年より現職。専門は自治体行政学。著書に『行政学講義』『コロナ対策禍の国と自治体』（ともにちくま新書）、共著に『地方創生の正体』（山下祐介氏との共著、ちくま新書）などがある。

おわりに

この本の校了間近に、2022年度の「教員勤務実態調査」の結果（速報値）が発表されると言われていたが、2023年4月24日現在、それには至っていない。

ただ、その調査の中で、本書で述べたような教員の働き方は依然として続いているものと思われる。ここ数年、学校の働き方改革が声高に叫ばれる中にあって、現場から聞こえてくるのは、「変わらない」という嘆きの声が大多数だったからだ。


今回の調査は、2006年度と2016年度に続くものである。

2006年度は、年間で複数の期間、小中高を対象に実施されたものの、2016年度は、10月～11月に小中のみが対象とされた。

今回の2022年度調査は、複数の期間でかつ高校を含むため、速報値の後の本格的な分析を経て、幅広く学校の働き方の実態が把握できると期待される。

本文でも述べたように、2006年度より以前の調査は、1966年度にまでさかのぼる。「教員勤務状況調査」という名称で行われたものだ。

当時の1週間全体における時間外業務の合計は、小学校と中学校の平均で1時間48分（小学校が1時間20分、中学校が2時間30分）であり、それが今日の給特法における月額4％の「教職調整額」の根拠とされた。時間意識もコスト意識も欠いた「定額働かせ放題」は、こうして誕生した。

その結果として、教員の勤務実態を可視化させるための調査は、ついに2006年度まで40年間にわたって実施されないままとなった。


今回の2022年度調査については、「また調査かよ！」との批判の声を、私はいくつか耳にした。たしかに調査への回答が、直接的に目の前の教育活動にプラスの効果をもたらすとは思えない。詳細に勤務実態が調べられるため、抽出調査とはいえ回答する立場になれば、負担感はかなり大きいはずだ。

だがまちがいなく、2006年度と2016年度の調査がなければ、教員の長時間労働の問題がここまで世間に認知されることはなかったはずだ。問題の見える化なくして、その解決策は成り立ちえない。

1966年度の調査は、「定額働かせ放題」の誕生に活用された。最新の2022年度調査は、どのように活用されるだろうか。「定額働かせ放題」がバージョンアップされるのか、それとも終焉に向かうのか。
その行方は、私たちがこれからどこまで声をあげていけるかに、かかっている。

内田　良

2023年4月

内田 良［うちだ・りょう］
名古屋大学教授。専門は教育社会学。教員の働き方、部活動、校則などの教育問題を広く情報発信している。『教育という病』（光文社新書）、『教師のブラック残業』（斉藤ひでみ氏との共著、学陽書房）など著書多数。

小室淑恵［こむろ・よしえ］
株式会社ワーク・ライフバランス代表取締役社長。公立学校250校、民間企業2000社、7省庁の働き方改革コンサルティング実績を持つ。文部科学省「中央教育審議会」委員、「産業競争力会議」民間議員など複数の公務を歴任。2児の母。『男性の育休』（天野妙氏との共著、PHP新書）など著書多数。

田川拓磨［たがわ・たくま］
株式会社ワーク・ライフバランス、ワーク・ライフバランスコンサルタント。学校・警察・中央省庁・財閥系企業など、特殊かつ長時間労働が恒常化した組織へのコンサルティングを行い、残業削減の実績を出し続けている。

西村祐二［にしむら・ゆうじ］
岐阜県公立高校教員。2016年8月より教育現場の問題を訴え続け、国会や文部科学省へ署名を提出。2019年、参議院文教科学委員会にて、参考人として意見陳述。書籍は「斉藤ひでみ」名でも執筆。近刊に『シン・学校改革』（光文社）、ほか共著多数。

PHP新書

PHP INTERFACE
https://www.php.co.jp/

図版——G-RAM　齋藤稔・齋藤維吹

先生がいなくなる

PHP新書 1356

二〇二三年五月二十九日　第一版第一刷

著者——内田良／小室淑恵／田川拓麿／西村祐二
発行者——永田貴之
発行所——株式会社PHP研究所
東京本部——〒135-8137 江東区豊洲5-6-52
ビジネス・教養出版部 ☎03-3520-9615(編集)
普及部 ☎03-3520-9630(販売)
京都本部——〒601-8411 京都市南区西九条北ノ内町11
組版——有限会社エヴリ・シンク
装幀者——芦澤泰偉＋明石すみれ
印刷所——大日本印刷株式会社
製本所——東京美術紙工協業組合

ISBN978-4-569-85346-8

ＰＨＰ新書刊行にあたって

「繁栄を通じて平和と幸福を」(PEACE and HAPPINESS through PROSPERITY)の願いのもと、ＰＨＰ研究所が創設されて今年で五十周年を迎えます。その歩みは、日本人が先の戦争を乗り越え、並々ならぬ努力を続けて、今日の繁栄を築き上げてきた軌跡に重なります。

しかし、平和で豊かな生活を手にした現在、多くの日本人は、自分が何のために生きているのか、どのように生きていきたいのかを、見失いつつあるように思われます。そして、その間にも、日本国内や世界のみならず地球規模での大きな変化が日々生起し、解決すべき問題となって私たちのもとに押し寄せてきます。

このような時代に人生の確かな価値を見出し、生きる喜びに満ちあふれた社会を実現するために、いま何が求められているのでしょうか。それは、先達が培ってきた知恵を紡ぎ直すこと、その上で自分たち一人一人がおかれた現実と進むべき未来について丹念に考えていくこと以外にはありません。

その営みは、単なる知識に終わらない深い思索へ、そしてよく生きるための哲学への旅でもあります。弊所が創設五十周年を迎えましたのを機に、ＰＨＰ新書を創刊し、この新たな旅を読者と共に歩んでいきたいと思っています。多くの読者の共感と支援を心よりお願いいたします。

一九九六年十月

ＰＨＰ研究所

PHP新書

［社会・教育］

418 女性の品格　坂東眞理子
495 親の品格　坂東眞理子
504 生活保護vsワーキングプア　大山典宏
522 プロ法律家のクレーマー対応術　横山雅文
586 理系バカと文系バカ　竹内　薫［著］／嵯峨野功一［構成］
618 世界一幸福な国デンマークの暮らし方　千葉忠夫
621 コミュニケーション力を引き出す　平田オリザ／蓮行
629 テレビは見てはいけない　苫米地英人
854 女子校力　杉浦由美子
869 若者の取扱説明書　齋藤　孝
888 日本人はいつ日本が好きになったのか　竹田恒泰
987 量子コンピューターが本当にすごい　竹内　薫／丸山篤史［構成］
994 文系の壁　養老孟司
1022 社会を変えたい人のためのソーシャルビジネス入門　駒崎弘樹
1025 人類と地球の大問題　丹羽宇一郎
1032 なぜ疑似科学が社会を動かすのか　石川幹人
1040 世界のエリートなら誰でも知っているお洒落の本質　干場義雅
1059 広島大学は世界トップ100に入れるのか　山下柚実
1073 「やさしさ」過剰社会　榎本博明
1079 超ソロ社会　荒川和久
1087 羽田空港のひみつ　秋本俊二
1093 震災が起きた後で死なないために　野口　健
1106 御社の働き方改革、ここが間違ってます！　白河桃子
1125 『週刊文春』と『週刊新潮』闘うメディアの全内幕　花田紀凱／門田隆将
1128 男性という孤独な存在　橘木俊詔
1140 「情の力」で勝つ日本　日下公人
1144 未来を読む　ジャレド・ダイアモンドほか［著］　大野和基［インタビュー・編］
1146 「都市の正義」が地方を壊す　山下祐介
1149 世界の路地裏を歩いて見つけた「憧れのニッポン」　早坂　隆
1150 いじめを生む教室　荻上チキ
1151 オウム真理教事件とは何だったのか？　一橋文哉
1154 孤独の達人　諸富祥彦
1161 貧困を救えない国 日本　阿部彩／鈴木大介
1164 ユーチューバーが消滅する未来　岡田斗司夫
1183 本当に頭のいい子を育てる 世界標準の勉強法　茂木健一郎
1190 なぜ共働きも専業もしんどいのか　中野円佳

1201 未完の資本主義 ポール・クルーグマンほか[著]／大野和基[インタビュー・編]
1202 トイレは世界を救う ジャック・シム[著]／近藤奈香[訳]
1219 本屋を守れ 藤原正彦
1223 教師崩壊 妹尾昌俊
1229 大分断 エマニュエル・トッド[著]／大野 舞[訳]
1231 未来を見る力 河合雅司
1233 男性の育休 小室淑恵／天野 妙
1234 AIの壁 養老孟司
1239 社会保障と財政の危機 鈴木 亘
1242 食料危機 井出留美
1247 日本の盲点 開沼 博
1249 働かないおじさんが御社をダメにする 白河桃子
1252 データ立国論 宮田裕章
1262 教師と学校の失敗学 妹尾昌俊
1263 同調圧力の正体 太田 肇
1264 子どもの発達格差 森口佑介
1271 自由の奪還 アンデシュ・ハンセンほか[著]／大野和基[インタビュー・編]
1277 転形期の世界 Voice編集部[編]
1280 東アジアが変える未来 Voice編集部[編]
1281 5000日後の世界 ケヴィン・ケリー[著]／大野和基[インタビュー・編]／服部桂[訳]
1286 人類が進化する未来 ジェニファー・ダウドナほか[著]／大野和基[インタビュー・編]
1290 近代の終わり ブライアン・レヴィンほか[著]／大野和基[インタビュー・編]
1291 日本のふしぎな夫婦同姓 中井治郎
1298 子どもが心配 養老孟司
1303 ウイルス学者の責任 宮沢孝幸
1307 過剰可視化社会 與那覇潤
1315 男が心配 奥田祥子
1321 奇跡の社会科学 中野剛志
1326 ネイチャー資本主義 夫馬賢治
1328 「立方体が描けない子」の学力を伸ばす 宮口幸治
1331 何もしないほうが得な日本 太田 肇
1334 指導者《リーダー》の不条理 菊澤研宗
1336 虐待したことを否定する親たち 宮口智恵
1343 ディープフェイクの衝撃 笹原和俊